# 동남아 여행 글쓰기와 포스트식민주의 비평

# 동남아 여행 글쓰기와 포스트식민주의 비평

초판 1쇄 발행 2011년 7월 15일

지은이 | 김은영 편
펴낸이 | 최원필
편　집 | 양상모
펴낸곳 | 심산출판사
주　소 | 서울시 은평구 불광동 219-7 예은 101
전　화 | 02-357-0633
팩시밀리 | 02-357-0631
E-mail | simsan@korea.com
등　록 | 제1-2114호(1996년 11월 28일)
ISBN | 978-89-94844-09-1 93910

# 동남아 여행 글쓰기와 포스트식민주의 비평

김은영 편

심산

* 이 책에 실린 논문은 2008년 정부(교육과학기술부)의 재원으로 한국연구재단의 지원을 받아 서강대학교 동아연구소 인문한국지원사업의 일환으로 수행된 연구임(KRF-2008-362-B00018).

# 책을 내면서

동남아를 언급할 때면 단골처럼 등장하는 이야기지만 2차 세계대전 중에 연합군이 군사지역 편제 차원에서 동남아사령부(Southeast Asia Command)를 창설하였고 이후 '동남아'라는 용어가 쓰이기 시작했다. 당시에는 현재 동남아에 속하는 필리핀을 제외하고 스리랑카(당시 실론)를 포함시켰으나 1960년대에는 지금처럼 동남아 경계에 대해 합의가 이루어졌다. 이런 점에서 볼 때 동남아라는 개념은 따지고 보면 '발견된' 것이 아니라 '발명된' 것이다.

이 책에 실린 여섯 편의 글은 이렇듯 '우연한 고안물(contingent device)'로 일컬어지는 동남아라는 지역이 외부인의 눈에 어떻게 비쳤는지를 추적한다. 19세기부터 21세기 초반에 걸쳐 출판된 유럽인(프랑스인, 영국인, 독일인)의 동남아 여행기, 인도 문인 타고르가 1927년 동남아 여행 중 남긴 서한, 1920~30년대 출판된 중국의 '남양 여행기', 베트남에 대한 직접 체험에 뿌리를 두는 베트남 관련 현대 한국 소설이 바로 이 추적의 매개이다. 이 책은 동남아가 어떠한지를 보여주는 데 초점을 맞춘 것이 아니라, 동남아가 어떻게 보였는지, 왜 그러한지 질문을 던지고 있다. 이 질문의 답을 찾는 과정에서 우리는 동남아에 대한 지식이 그것을 생산한 맥락과 어떻게 얽혀 있는지 이해할 수 있다. 또한 오늘날 동남아의 특수성이라고 간주되는 많은 요소에 대해 의문을 제기할 수 있다.

결론적으로 이 책은 19~21세기에 걸쳐 프랑스인, 영국인, 독일인, 인도인, 중국인, 한국인이 각각 지극히 자기중심적으로 동남아를 인식했다는 사실을 알려준다. 이렇듯 외부 세계가 동남아를 어떻게 보았는지 검토함으로써 동남아에 대한, 더 나아가 타자에 대한 우리의 시선을 돌아볼 수 있을 것이다. 동남아가 '발명된' 지역 개념이니만큼 이 질의응답은 더욱더 흥미로울 수밖에 없다. 이 책을 통해 '동남아는 원래 어떠하다'는 상식은 어떻게 형성되어 어떤 식으로 표현되었는지, 또한 어떤 이유로 생명력을 유지하고 있는지 독자들이 발견할 수 있기를 기대한다.

서강대학교 동아연구소는 2008년 11월에 한국연구재단에 의해 인문한국(Humanities Korea, HK) 지원 사업 해외지역연구분야 사업단으로 선정된 이후 〈열린 지역체계로서 동남아: 한국 동남아연구의 세계적 소통과 대중적 확산을 위하여〉라는 대주제로 연구를 수행하고 있다. 이 연구를 통해 우리는 '열린 체계로서 동남아'라는 지역연구의 패러다임을 구축하고, 학제적 · 역제적 지역 탐구 방법을 모색하는 종합적 지역연구에 기여하고자 한다. 특히 기존 연구 방식의 한계를 극복하고자 우리는 연구소의 전임인력을 중심으로 국내외 다른 연구소나 연구자들을 네트워크로 묶는 연구클러스터(Research cluster)라는 새로운 방식의 공동연구 체제를 고안하였다.

인문한국 사업을 수행하는 우리 연구소는 제1단계의 제1차년도인 2009년에 〈동남아시아의 역사적 구성〉이라는 큰 주제 아래 두 개의 연구클러스터 〈동남아인식 클러스터〉와 〈동남아연구사 클러스터〉를 조직했다. 이 중 〈동남아인식 클러스터〉는 동남아의 진면목을 '발견'하는 연구프로젝트였다고 자부한다. 한편 〈동남아연구사 클러스터〉는 유럽, 호주, 동남아시아, 일본, 중국, 한국 등에서 발전된 동남아연구의 역사를 추적하고 분석적으로 정리하였다. 제1차년도 연구와 관련하여 우리 사업단은 2009년과 2010년 각각 워크숍과 국제학술회의를 개최하여 개별 연구성과를 중간 평가하고 자체 점검할 기회를 마련하는 등, 연구클러스터의 유기적인 기능을 최대화하기 위하여 노력하였다.

이 책은 2009년 조직된 두 클러스터 중 〈동남아인식 클러스터〉의 연구물이다. 〈동남아인식 클러스터〉는 역사적으로 외부 세계가 동남아시아를 어떻게 인식했는지 탐구하기 위하여 외부인들이 동남아를 경험하고 남긴 기록을 분석했다. 이 클러스터에 연구자로 참여하여 뜻 깊은 성과물을 발표한 김은영, 마리아 응(Maria N. Ng), 박경석, 스티븐 켁(Stephen L. Keck), 이옥순, 이한우 선생님께 감사를 드린다. 또한 2010년 3월 19~20일에 개최된 국제학술회의에서 사회와 토론을 맡아주신 노서경, 백영서, 염운옥, 최창모, 히리데 나라연(Hryday Narayan) 선생님께도 깊은 감사를 드린다. 이 연구클러스터의 구성과 운영을 맡았던 이옥순 교수와 단행본 출판의 편집을 담당한 김은영 교수께 감사의 뜻을 드리며, 단행본 출판과 관련된 번거로운 작업을 도와준 동아연구소 조교들에게도 고마움을 전한다.

〈동남아인식 클러스터〉는 성과물을 먼저 관련 학술지에 발표해서 학술적으로 검증받은 뒤에 이를 토대로 각자 논문을 수정하여 별도의 단행본을 출간하기로 했다. 학술적인 성과물뿐 아니라 일반 독자를 상대로 한 글쓰기에도 욕심을 낸 것인데, 막상 모아놓고 보니 두 마리 토끼를 잘 잡았는지 썩 자신할 수가 없다. 하지만 이번 작업을 계기로 우리 연구사업단 구성원들이 더 많은 독자와 소통할 준비를 하게 되었다고 자평하며, 이 경험을 통해 우리 사업단이 학계 안팎을 넘나들며 더 활발한 교류를 할 수 있기를 기대한다.

끝으로 어려운 출판계 상황에도 아랑곳없이 우리 성과물의 출간을 선뜻 맡아주신 심산출판사 최원필 대표께 깊이 감사드린다. 또한 우리 사업단을 물심양면으로 지원해주시는 한국연구재단 관계자 여러분들께도 진심으로 감사의 뜻을 전한다.

2011년 5월 20일

서강대 동아연구소 소장 신윤환

# 차례

# 1. 총설: '앎'과 '권력'의 관계 속에서 만나는 동남아시아

글쓴이 _ 김은영

## 1. 문제제기

오늘날 동남아라 불리는 지역의 명칭에 함축된 서구 학계의 인식이 어떻게 변화했는지를 압축적으로 파악하기 위해 동남아연구로 이름이 높은 프랑스 금석학자 조르주 세대스(George Coedès) 저서의 제목을 상기해보자. 세대스는 1944년 하노이 소재 극동출판사(Imprimerie d'Extrême-Orient)에서 『극동에 있는 인도화된 여러 국가의 고대사』[1]를 출판하였다. 파리에서 다시 찍은 1948년 증보판은 『인도차이나와 인도네시아에 있는 인도화된 여러 국가』[2]로 제목을 바꾸어 달았다. 증보판과 동일 제목을 유지하는 제3판(1964)의 「3판에 부쳐」 및 「서론」에서 세대스는 '동남아' 및 '동남아에 대한 연구' 등과 같은 표현을 사용한다. 마침내 세대스의 감수를 거쳐 1968년 미국에서 출판한 제3판의 영역본은 『동남아시아에 있는 인도화된 여러 국가』[3]라는 제목을 달고 있다. 세대스의 책 제목의 이 같은 변화에는 오늘날 동남아로 불리는 지역의 명칭을 둘러싼 망설임, 그 지역 내에서 새로운 지리 · 행정 단위의 등장, 20세기 중반에야 공식화된 동남아라는 지역 개념, 20세기 중반부터 본격적으로 이루어진 동남아연구 등과 같은 굵직굵직한 흐름, 말하자면 동남아에 대한 인식이 단적으로 반영되어 있다.

〈열린 지역체계로서 동남아: 한국 동남아연구의 세계적 소통과 대중적 확산을 위하여〉라는 대주제로 동남아연구를 수행하고 있는 서강대 동아연구소의 인문한국(HK) 동남아연구사업단은 2009년 한 해 동안 운영한 두 개의 연구클러스터를 통해 동남아의 역사적 구성에 대한 질문을 제기하고 그 답을 내놓고자 노력하였다.

2009년에 운영된 첫 번째 연구클러스터인 〈동남아연구사 클러스터〉는 세계 각국 동남아연구의 역사를 분석적으로 정리하고, 동남아라는 지명의 정착 및 지역의 구축이 동남아연구와 맺는 관계를 탐구하였다. 또 다른 연구클러스터인 〈동남아인식 클러스터〉는 다양한 여행기, 혹은 여행기로 분류될 수 있는 글을 분석함으로써 19세기와 21세기 사이에 외부인들이 현재 동남아라고 불리는 지역을 여행하면서 이 공간을 어떻게 인식했는지 연구하였으며, 이 공간이 외부 세계에 의해 자기화 · 재해석되는 현상을 문학 · 역사적으로 분석하였다. 이를 통해 동남아에 대한 외부 세계의 인식이 어떻게 인식 주체인 외부 세계의 현실을 반영하는지, 혹은 어떻게 인식 객체인 동남아의 현실을 반영하는지 혹은 반영하지 않는지, 그리고 그 의미는 무엇인지 탐구하고자 하였다.

이 책은 서강대 동아연구소가 2009년에 운영한 〈동남아인식 클러스터〉가 2010년 3월 19~20일 국제학술회의를 통해 발표한 연구 성과를 조탁하고 보완하여 담고 있다. 이 클러스터에 참여한 연구자들은 동남아라는 지역 외부에 사는 사람들이 동남아 여행 중에, 혹은 여행 후에 쓴 글을 분석대상으로 선택하였다. 여섯 편의 논문이 분석하는 여행기는 19세기 중후반에서 시작해서(스티븐 켁, 김은영, 마리아 웅), 20세기 초반을 지나(스티븐 켁, 마리아 웅, 박경석, 이옥순), 20세기 후반과 21세기 초까지(마리아 웅, 이한우) 150여 년의 시간대에 걸쳐 있다.

사실, 신라의 『왕오천축국전』, 중국 원나라의 『진랍풍토기』, 중세 베네치아의 『동방견문록』 등과 같은 고전을 굳이 열거하지 않더라도 여행 그 자체가 글쓰기의 동력이자 테마임을 우리는 잘 알고 있다. 물론 여행기라는 글쓰기 형식은 경우에 따라 문학적 장치에 지나지 않을 수도 있다. 대표적인 예로 고대 그리스의 『오디세이』, 18세기 영국의 『걸리버 여행기』, 19세기 프랑스의 『80일간의 세계일주』 등을 들 수 있을 것이다. 그러나 이 책에서 우리가 관심을 갖는 여행기는 전자의 예처럼 실제로 이루어진 여행을 바탕으로 작성된 글이다. 여행은 그 동기가 무엇이든 이동과 귀환을 포함하는 행위이다.[4] 이동의 목적이 공적(출장, 파견 근무)인가 사적(유람, 관광, 여가선용)인가, 이동이나 귀환이 강제적인가 자율적인가는 중요하지 않다. 귀환을 전제로 공간적 경계를 넘는 여행이라는 행위에서 핵심은 여행하는 주체가 타자를 체험한다는 사실이다. "낯섦의 체험이자 표현",[5] 다시 말해 낯선 공간을 관통하는 경험이 주를 이루는 글을 우리는 여행기라고 규정한다. 일반적으로 여행기는 논픽션이지만, 의도적인 픽션(소설)을 여행기에 포함할 수도 있다.[6] 이 책에서 대부분의 연구자는 논픽션 여행기를 분석대상으로 삼고 있지만, 예외로 이한우는 소설을 분석대상으로 선택하였다. 이 점에 대해서는 나중에 설명하겠다.

한편 여행기라는 장르는 문학비평 밖에서 학문적 연구의 대상이 될 수 있을까? 여행기에 대한 접근방법은 시대에 따라 변화를 겪었다. 19세기에서 20세기 전반기 동안 여행기 서지 편집자들은 여행기를 통해 타자에 대한 지식을 습득할 수 있음을 강조하며, 이에 기여하기 위해 여행기 서지를 작성했다고 밝혔다. 예를 들어 1896년 파리에서 출판된 『에스파냐 및 포르투갈 여행 서지』의 저자에 따르면, 여행기는 모든 종류의 정보를 제공하는 자료임에도 불구하고 동시대인들은 여행기에 그다지 주목을 하지 않는 큰 오류를 범하고 있다.[7] 1910년 출판된 『9~19세기 프랑스령 인도차이나 여행 서지』의 저자는 프랑스령 인도차이나 지역에 관심을 갖는 사람들에게 도움을 주기 위해 해당 서지를 작성했음을 밝힌다.[8]

물론 여행기는 오랫동안 중요한 정보 공급처였다. 인도차이나를 지리 용어로 발명한 지리학자 말테브룬(Malte-Brun)이 1804년 파리에서 출판한 『수학적, 물리적, 정치적 세계지리』[9]의 부록 『지도』는 주로 18세기에 유럽에서 출판된 수많은 지리 서적 및 지도에 대한 짧은 해설을 담고 있다. 이를 통해 말테브룬에게 여행기는 타자에 대한 지식을 전해주는 학문적 근거로 기능했음을 확인할 수 있다. 예를 들면 '동인도(Indes orientales)'로 묶인 오늘날의 대륙부 동남아, 그리고 '대양주(Terres océaniques)'로 분류된 오늘날의 도서부 동남아와 관련해서 말테브룬은 수십여 종의 (네덜란드어, 덴마크어, 독일어, 영어, 포르투갈어, 프랑스어) 단행본 및 정기간행물을 주요 지리서로 꼽는데, 이 '지리서' 중 상당수는 여행기에 속하는 글이다.[10] 그러나 이는 유럽으로부터 멀리 떨어진 지역과 관련해 20세기 전반기까지 지속된 유럽의 특수한 상황이다. 왜냐하면 말테브룬이 선택한 프랑스 관련 참고 문헌을 보면, 여행기 외에도 통계, 관보, 전문 학술지 등이 포함되어 있는 것을 확인할 수 있기 때문이다.[11] 즉 동남아와 같이 유럽에서 먼 세계에 대한 공식적 혹은 학문적 정보가 부족한 상황에서 여행기는 유럽인에게 매우 중요한 정보의 공급처가 될 수 있었다.

오늘날 우리는 말테브룬의 방식으로 동남아 여행기를 읽지 않는다.

한편으로 동남아를 연구하는 학자는 다른 이의 여행기에 의존할 필요가 없이 동남아를 직접 경험하고 관찰할 수 있으며, 이런 방식을 거쳐 학문적으로 인정받는 정보가 계속 축적되고 있다. 다른 한편으로 19세기에 여행기 작성이 유행하고 여행기가 본격적인 출판 장르로 자리 잡으면서, "이국적인 것을 향한 대중 독자들의 열망을 반드시 채워줘야"(마리아 응) 하는 여행기의 특성이 더 강화되었고, 여행기는 더욱 손쉽게 정형화의 늪에 빠지는 위험을 안게 되었다. 따라서 오늘날 우리는 여행기가 전달하는 정보의 신뢰성에 대해 과거보다 더 큰 의구심을 품는다.

그럼에도 불구하고 21세기에도 상당수의 과거 여행기가 여전히 가치 있는 주된 이유는 여행기 저자 및 그 사람의 출신 사회에 대한 정보가 그 안에 의미심장하게 담겨 있기 때문이다. 여행기는 옳건 그르건 타자에 대한 정보를 전달할 뿐 아니라 타자에 대한 저자의 인식을 드러내기 때문에, 다시 말해 여행기는 본질적으로 자전적인 글쓰기[12]라는 점에서, 연구를 위한 유용한 대상이 될 수 있다. 21세기를 사는 우리는 외부인이 쓴 동남아 여행기를 연구함으로써 동남아의 '실제 모습'을 파악할 수 있다고 생각하지 않는다. 우리는 동남아라는 타자에 대한 지식이 그것을 생산한 맥락과 어떻게 얽혀 있는지 여행기를 통해 추적함으로써 오늘날 동남아의 특수성이라고 간주되는 많은 요소가 실상은 외부 세계의 담론 안에서 취사선택된 것임을 확인할 수 있다고 믿는다. 마리아 응이 '포스트식민주의 비평'이라 일컫는 이 작업은 '대상화된 타자'(동남아)와 주체(외부 여행자) 사이에 결핍되었다고 간주되었던 '동시대성(coevalness)'의 회복에 기여할 수 있을 것이다.

## 2. 관련 연구

서양에서 여행기가 하나의 글쓰기 장르로서 정착한 시기는 근대(16~18세기)라고 할 수 있다.[13] 특히 프랑스에서는 18세기 중반부터 언론인들이 활발히 여행기 비평을 작성한 사실을 통해 여행기라는 장르가 거둔 대성공을 쉽게 확인할 수 있다.[14] 근대에는 항해술의 눈부신 발달 덕분에 점점 더 많은 유럽인들이 원거리 여행을 떠날 수 있게 되었고, 이에 따라 점점 더 많은 여행기를 남길 수 있는 여건이 조성되었다. 또한 항해술의 발달과 맞물린 인쇄혁명은 근대 유럽에서 새로운 글쓰기 문화를 창출하는 데 결정적인 역할을 했다. 이런 상황에서 근대 유럽에서는 동시대인의 여행기는 물론이거니와 그 이전 시기에 작성된 필사본 여행기도 활발히 출판되어 보급될 수 있었다. 그렇지만 여행을 하는 유럽인은 전체 인구에 비해 여전히 소수였다. 그중 근대 여행기 작가로 가장 큰 역할을 한 사람들로 단연 선교사를 꼽을 수 있다. 근대 유럽 선교사들은 소수의 지식층에 속했을 뿐 아니라, 동시대인으로서는 드물게 유럽을 벗어난 지역에서 장기간 체류했기 때문에, 그때까지의 어떤 유럽인에 비해 뛰어난 여행기를 쓸 여건을 갖추고 있었다.[15] 1755년 출판된 『인간 불평등 기원론』에서 루소(Rousseau)가 확인해 주듯이, 18세기까지도 장기 여행을 하는 유럽인은 선원, 상인, 군인, 선교사 정도였다.[16]

19세기가 되면 상황은 크게 변화한다. 이때는 유럽의 식민지 팽창에 따라 유럽인의 장거리 여행 및 해외 체류가 활성화되고, 이에 따라 여행기라는 글쓰기가 대중화된다. 예를 들면 1808년 총 6권으로 파리에서 출판된 『여행 총서지』의 저자가 '편집자의 글'에서 밝히고 있듯이 이미 "우리 시대에 여행기는 무한대로 급증"하였다.[17] 김은영에 따르면, 19세기 프랑스에서 창간된 여행기 전문 정기간행물인 『세계여행(*Le Tour du monde)*』(1860~1914)은 50년 이상 존속할 정도로 프랑스에서 여행기라는 장르는 큰 인기를 끌었다. 이 시기에 이르러 서양에서 여행기를 쓰는 사람의 수가 급격히 증가하였을 뿐 아니라 여행기라는 장르가 대중을 겨냥한 출판물로 자리 잡은 사실은 매우 중요하다. 비록 20세기 전반기까지도 타자에 대한 지식 습득의 통로라는 여행기의 효용성을 강조하는 경향이 지속되기는 했으나, 여행기는 이제 "누가 쓰고, 누가 출판하고, 누가 소비하는가의 문제에 기반을 둔 권력관계를 효율적으로 사용함으로써 정형화를 이루는"(마리아 옹) 전형적인 장르로 변모했다고 할 수 있다. 따라서 19세기에서 21세기에 걸쳐 등장한 여행기를 분석할 때, 해당 여행기가 출판을 염두에 두고 작성되었는지, 실제로 출판되었는지, 어떤 독자를 겨냥했는지, 어떤 방식으로 출판되었는지 등은 반드시 파악해야 할 문제가 되었다.

한편 동양의 경우는 어떠한가? 연세대 국학연구원이 2008년에 출판한 『동아시아 역사 속의 여행』을 통해 한자문화권의 여행에 대해 배울 수 있다. 이를 통해 동아시아에서도 19세기에 이르러 여행 환경이 크게 변화하였음을 알 수 있다.

> 19세기 서구와의 접촉 확대로 시작된 동아시아 근대에서는 여행에 대한 인식과 환경이 크게 변화한다. 가장 큰 영향을 준 것은 교통 수단의 발전으로 인해 이동이 그만큼 쉬워졌다는 외적 환경인데, 아울러 국민국가 형성에 따라 여행에 대한 국가권력의 통제가 사실상 사라진 것이 가장 큰 요인이었다. 여행은 이제 인간의 삶에 있어 그 자체를 목적으로 하는 행위로 정착됐다. 1899년 일본과 조선을 거쳐, 중국 북동부, 시베리아, 네덜란드에서 이탈리아까지 여행하여 계묘여행기(癸卯旅行記)라는 기행문을 남겼던 단사리(單士厘)의 경우에서 보듯, 이제는

여성들도 독립적으로 해외여행을 떠나기도 했다[18]

또한 중국에서는 1920년대 후반 산업자본이 축적되고 서구의 근대적 여행 풍조가 유입되기 시작하면서 최초의 여행사가 설립되고 다양한 여행기를 수록한 『여행잡지』 등이 발간됐다[19]고 한다. 이 책에서 박경석은 1920~30년대 중국에서 '남양(南洋)' 여행기의 출판이 활발해졌음을 지적한다. 중국에서도 출판 여행기가 대거 등장하는 시대가 도래했으며, 이는 그 전의 여행기와는 다른 특성을 가진 여행기가 나타남을 의미한다고 할 수 있다. 조선의 경우, 19세기에 이르러 서양 각국과 통상조약을 체결함으로써 조선 외교사절단이 서양에 파견된다.[20] 이로써 조선에도 서양 견문록이 등장했다. 이렇듯 동과 서가 본격적으로 타자를 발견하는 19세기 중반부터 20세기 초반까지 양쪽에서 각각 엄청나게 많은 여행기가 쏟아진 것은 어찌 보면 참으로 당연한 일이다.

20세기 후반 이후 여행기와 관련한 연구는 부쩍 다양해진 것 같다. 한편으로는 20세기 후반기부터 여행기를 분석대상으로 삼는 연구 및 여행 서지 출판이 눈에 띄게 활발해지면서 접근의 다변화가 가속화되었던 것 같다. 또한 여행기 및 여행 서지를 재간행하는 현상에도 주목할 필요가 있다. 1801년 이전 영국에서 간행된 해외 여행기 목록으로 1930~40년대에 출판된 『여행문학 목록』이 2003년 영인본으로 간행[21]된 사실은 이러한 현상을 반영한다. 또한 19세기에 프랑스에서 출판된 동남아시아 관련 여행기의 다수가 1990년 이후에 재간행되었다.[22] 이에 따라 여행 서지들은 도서관 검색도구 형식에서 벗어나 점차 학문적 가치를 보강하고 있다. 2006년 파리에서 출판된 『프랑스인의 이탈리아 여행기 분석 서지』의 서문에서 저자가 밝혔듯이 "최근 몇 년 간 여행 및 여행문학에 대한 연구는 비약적으로 발전"[23]하였다. 먼저, 20세기 후반기부터 여행기를 분석대상으로 삼는 연구 및 여행 서지 출판이 눈에 띄게 활발해졌고, 이에 따라 여행기라는 글쓰기에 대한 다양한 접근이 늘어가는 것 같다. 1999년 재간행된 『미국인 해외 여행가들: 1900년 이전에 출판된 여행기 서지』의 저자에 따르면, 20세기 전에 해외여행을 한 미국인이 작성한 여행기 중 고작 300여 권만이 서던일리노이대학교 도서관에 소장되어 있는 것으로 추정했으나 새롭게 조사한 결과 실제로 훨씬 더 많은 미국인이 해외여행을 했으며 여행 경험을 글로 남겼음을 알게 되었다고 했다.[24] 이런 이유로 그 저자는 미국 각지의 도서관에 소장되어 있는 미국인의 해외 여행기 목록을 작성하는 작업을 수행하며, 이를 통해 여행자들의 출신 사회, 곧 미국에 대한 이해를 고양시키고자 했다.[25] 특히 2006년에 출판된 『빅토리아 및 에드워드 시대 여성 여행가들: 영어로 출판된 서적 서지』는 여행기 서지의 이러한 학문적 역할 강화를 탁월하게 보여준다.[26]

우리나라의 학계도 점차 여행 혹은 여행기에 대해 학문적인 접근을 강화하고 있는 것 같다. 일례로 한국학중앙연구원의 영문 학술지(*The Review of Korean Studies*)는 제9권 제4호(2006.12)를 통해 조선인의 해외여행 및 서양인의 조선 여행을 분석한 기획을 마련하였다.[27] 또한 『한국사 시민강좌』 제42호(2008.02)는 '역사상 한국인의 해외 견문록'이라는 특집을 기획하여, 혜초의 『왕오천축국전』, 이승휴의 『빈왕록』, 신숙주의 『해동제국기』, 최부의 『표해록』, 박지원의 『열하일기』, 현순의 『포와(하와이) 유람기』 등을 각각 분석한 논문을 출판하였다. 또한 중국인과 일본인의 역사적 여행을 집중적으로 연구한 연세대 국학연구원 동아시아연구실의 성과물인 『동아시아 역사 속의 여행』은 여행의 외적 요건 및 환경의 중요성을 강조하면서 '방법으로서의 여행'에 다가서려는 새로운 시도를 보여주었다.

## 3. 연구 내용

여행기를 통해 동남아에 대한 외부인의 인식을 연구하는 작업은 크게 두 가지 이유로 긴장감을 유발한다. 첫 번째 이유는, 동남아라는 지명이 20세기 중반부에 공식화되었다는 사실이다. 중국인은 일찍이 이 지역을 남양으로 불렀다. 한편 널리 알려졌듯이 1943년 일본군에 대항하기 위하여 연합군이 동남아사령부(Southeast Asia Command)를 창설하면서 동남아라는 용어 혹은 개념이 자리 잡아 현재 국제적으로 통용되고 있다. '남양'이 중국 중심적인 지명인 만큼 '동남아'는 서구 중심적인 지명이라는 사실을 새삼스럽게 강조할 필요는 없을 것이다. 따라서 20세기 중반까지 사람들은 이 지역을 동남아라 부르지도 않았기 때문에, 다시 말해 '동남아로 인식'하지 않았기 때문에 이 연구의 전제('외부인은 동남아를 인식했다')는 인식론적인 모순을 품고 있는 것 같다. 동남아에 대한 외부인의 인식 연구가 긴장감을 유발하는 두 번째 원인은 다음과 같다. 이 책이 다루는 여행가들은 현재 동남아로 묶인 지역에 속한 모든 나라를 방문하지 않았다. 따라서 비록 본 연구가 외부의 동남아 인식을 주제로 삼고 있다 하더라도, 각각의 논문은 기본적으로는 동남아의 특정한 나라 혹은 몇몇 나라에 대한 인식에 그칠 수 있다.

이러함에도 불구하고 여행기를 매개로 하여 동남아에 대한 외부의 인식을 탐구하는 본 연구의 의의가 감소되지는 않는다. 어떤 면에서 보면 이런 긴장 때문에 동남아 연구가 더욱 흥미로울 수 있다. 미셸 푸코(Michel Foucault)의 '고고학적 방법'에 기대어 논하자면, 여행기를 통한 외부의 동남아 인식 연구를 통해 '앎'과 '권력'의 관계를 파악할 수 있으며, 결국 오늘날 동남아의 특수성이라고 간주되는 많은 요소가 실상은 외부 세계의 담론 안에서 취사선택된 것임을 확인할 수 있다. 또한 외부인의 여행기 혹은 여행기로 분류될 만한 글을 통해 외부 세계가 자기화한 각각의 조각들이 동남아라는 정형화된 모자이크를 상상해낸 과정을 추적할 수 있다.

이 책에 실린 여섯 편의 논문 중 세 편은 유럽인이 본 동남아를, 다른 세 편은 아시아인이 본 동남아를 다루고 있다. 먼저, 유럽인이 본 동남아는 김은영, 스티븐 켁, 마리아 응에 의해 연구되었다. 김은영은 19세기 프랑스에서 큰 성공을 거둔 삽화 정기간행물을 통해 출판된 두 편의 인도차이나 여행기와 이 여행기의 수용을 검토한다. 스티븐 켁은 19세기 후반부터 20세기 초반까지 출판된 유명 영국 여행기를 분석대상으로 선택하였다. 영국인 세 명과 독일인 한 명의 동남아 여행기를 분석한 마리아 응은 19세기 후반에서 21세기 초에 이르는 동남아 정형화의 긴 흐름을 관찰한다. 다음으로, 아시아의 경우 인도인, 중국인, 한국인이 동남아에 대해 쓴 글을 분석대상으로 삼았다. 이옥순은 인도 문인 타고르가 1927년 동남아 여행 중 남긴 서한을 중심으로 동남아에 대한 그의 시선을 좇았다. 박경석은 1920~30년대 출판된 중국의 '남양 여행기'를 분석하여, 중국인들이 동남아를 어떻게 보았는지 검토했다. 한국인의 베트남 인식을 탐구하는 이한우는 여행기가 아닌 소설을 분석대상으로 선택했다는 점이 독특하다. 사실 중국이나 인도와 비교하여 한국이 베트남과 교류한 역사는 지극히 짧기 때문에 한국인이 남긴 베트남 여행기 중 역사적으로 가치가 있다고 간주되는 여행기는 아직 찾지 못했다. 따라서 대표성이 의심스러운 여행기보다는 문학성 혹은 대중성을 인정받은 현대 소설이 이한우의 분석대상으로 선택되었다. 논문의 순서는 시대 순에 의한 것이다.

김은영은 「프랑스, 인도-차이나, 앙코르」에서 19세기 프랑스에서 인도차이나라는 공간이 어떻게 인식되기 시작했는지 검토한다. 이 연구를 위해 김은영은 19세기 프랑스에서 큰 성공을 거둔 정기간행물 『세계여행』이 출판한 인도차이나 여행기 두 편을 분석대상으로 선택하였다. 김은영에 따르면, 인도차이나라는 용어가 프랑스에서 정착하면서 식민주의적 함의를 구체화하던 19세기에 이 정기간행물을 통해 출판된 삽화 여행기는 인도차이나라는 새로운 지역의 이미지를 만들어내는 데 중요한 역할을 수행하였다. 19세기 프랑스인들이 '발명'된 인도차이나 지역을 '발견'된 앙코르 와트 유적을 통해 인식하기 시작한 계기가 바로 삽화를 동반해서 출판된 여행기였다. 특히 1863년에 연재된 박물학자 앙리 무오(Henri Mouhot, 1826~1861)의 여행기는 앙코르 와트의 이미지를 프랑스 대중에게 유포한 첫 번째 출판물이며, 1870~1873년에 걸쳐 연재된 해군장교 프랑시스 가르니에(Francis Garnier, 1839~1873)의 여행기는 그 뒤를 잇는 주요 출판물이다. 사실 프랑스인들이 그들 중심으로 인도차이나를 인식했다는 사실에는 전혀 새삼스러울 것이 없다. 19세기 프랑스인들에게 새로운 지역 단위인 인도차이나는 탐험 및 정복의 대상이었다. 게다가 이 여행기는 정기간행물을 통해 대중에게 전달되었다. 글을 쓰는 주체, 출판하는 주체, 소비하는 주체를 엮고 있는 권력관계의 효율적 사용 내에서 정형화를 생산하는 여행기의 본질적인 특성은 중국인, 인도인, 한국인, 영국인, 프랑스인의 경우에 모두 해당됨을 알 수 있다.

스티븐 켁은 19세기에서 20세기 전반기에 살았던 영국인 세 명이 각각 동남아를 여행하고 출판한 글을 분석대상으로 선정하였다. 박물학자이자 탐험가, 생물학자, 인류학자인 앨프리드 러셀 월리스(Alfred Russel Wallace, 1823~1913)의 『말레이군도(*The Malay Archipelago*)』(1869), 조선에 대한 여행기도 남긴 이사벨라 버드(Isabella Bird, 1831~1904)의 『황금빛 반도(*The Golden Chersonese*)』(1883), 인도에서 공무원으로 일했던 스콧 오코너(V. C. Scott O'Connor, 1869~1945)의 『비단결의 동양(*The Silken East*)』(1905), 『만달레이 그리고 버마의 다른 여러 고도(*Mandalay and Other Cities of the Past in Burma*)』(1907)가 스티븐 켁의 분석대상이다. 여행기 제목에서도 짐작할 수 있듯이, 이 영국인들은 영국 식민지를 주로 방문하였다. 여행기를 분석하면서 스티븐 켁은 영국인들이 보여주는 네 가지 식민주의적 쟁점 혹은 시선을 차례로 들여다본다. 스티븐 켁에 따르면, 근대성이라는 개념은 동남아와 서구를 비교하는 틀로 사용되었고, 민족(ethnicity)은 서구식 생활방식과 동남아식 생활방식을 비교하는 도구이자 동남아에 거주하는 다양한 인간집단 간의 관계를 평가하는 도구였다. 또한 영국인들은 동남아가 제공하는 상업 기회에 지대한 관심을 갖고 있었으며, '진보적이고 선한' 영국제국과의 관계를 통해 동남아의 여러 공간을 이해했다. 사실 영국은 현재 동남아라 불리는 지역의 일부를 식민 지배하는 동안, 개별적인 식민지 및 국민(nations)에 바탕을 둔 시각을 앞세워 분리통치에 주력했다. 따라서 영국은 이 지역에 큰 관심을 갖고 있었음에도 불구하고 동남아를 하나의 구분되는 지역으로 인식하지는 않았다. 비록 여행기가 드러내는 영국인의 시각이 식민주의적이기는 하지만, 상기 네 쟁점은 결과적으로 동남아가 추후 하나의 지역으로 부상하는 토대를 제공했다는 것이 스티븐 켁의 분석이다.

문학 비평가이자 여행기 평론가인 마리아 응은 문학비평 이론에 근거하여 여행기를 분석한다. 19~20세기 초반 여행기로는 이사벨라 버드의 『황금빛 반도』와 독일 작가이자 화가인 막스 다우텐다이(Max Dauthendey, 1867~1918)의 『일곱 개의 바다가 나를 거기로 데려갔다(*Sieben Meere nahmen mich auf*)』(20세기 초반 여행)를, 20세기 후반부터 21세기 초반 여행기로는 영국인 개빈 영(Gavin Young, 1928~

2001)의 『콘래드를 찾아서(*In Search of Conrad*)』(1992)와 영국인 피코 아이어(Pico Iyer, 1957년생)의 『카트만두의 비디오 나잇 그리고 그리 멀리 않은 동쪽에서 온 다른 보고문(*Video Night in Kathmandu and Other Reports from the Not-So-Far-East*)』(1988), 『어둠 이후의 태양(*Sun after Dark*)』(2005)을 분석대상으로 선택하였다. 마리아 응에 따르면, 이 모든 여행기에서 동남아시아는 여전히 전형적으로 이국적인 공간으로 표상되고 있다. 결론적으로 식민시대든 포스트식민시대든 자기중심적이라는 여행기의 본질은 달라지지 않았다. 따라서 식민시대 여행기와 포스트식민시대 여행기를 폭넓게 분석한 마리아 응은 서구 작가들이 쓴 동남아 여행기가 종국에는 이국성을 정형화하는 매개임을 지적한다. 이에 대한 해결책으로 마리아 응은 동남아인들이 스스로 목소리를 내주기를 기다린다. 그럼에도 불구하고 글쓰기의 효과가 어떻게 만들어지는지 독자가 인지하고 여행기를 비판적으로 수용한다면, 이는 매우 흥미로운 독서 및 연구 재료이므로 마리아 응은 계속해서 여행기에 관심을 갖는 것 같다.

이옥순의 「타고르가 본 1927년의 동남아」는 1927년 7월부터 10월 사이에 동남아를 방문한 타고르(Tagore, 1861~1941)의 여행기, 편지, 시를 분석하여, 동남아라고 불리기 이전에 이곳을 하나의 지역으로 어렴풋이 상상한 타고르의 인식을 추적한다. 타고르는 동남아를 여행하고 벵골어로 여행기와 시를 썼으며, 25통의 편지를 남겼다. 이 중 일부는 당대에 벵골어나 영어로 출판되었다. 이옥순은 영역된 타고르의 편지 및 시를 분석한다. 이옥순에 따르면, 타고르는 동남아에 남아 있는 인도의 고대 문화를 순례하기 위해 여행을 시작했다. 여행을 통해 타고르가 '재발견'한 동남아는 고대 인도의 문화와 종교로 연결되는 문화적 친족이자, 많은 인도인들이 거주하는 자신들의 영토였다. 동남아를 여행하는 동안 타고르는 저명인사답게 여러 차례 강연을 가졌는데, 그의 청중은 대체로 동남아인이 아니라 주로 중국인 및 인도인이었던 것으로 보인다. 또한 타고르는 인도인이 많이 이주하여 살고 있는 버마에서는 고향에 있는 것 같은 느낌이 들 정도였다. 식민시대 동남아에서 중국인 이주민과 인도인 이주민이 갖는 독특한 위상을 고려할 때, 타고르의 동남아 방문은 일견 박경석이 분석한 중국인들의 방문을 연상시킨다. 타고르가 현지 문화의 중요성 및 인도 영향의 현지화에도 주목한 것은 사실이지만, 인도의 영향을 통해 동남아를 이해하려는 타고르의 시도는 자연스럽게 인도인의 시각을 드러낸다고 할 수 있다. 타고르가 동남아를 하나의 지역이라고 '선구적으로' 어렴풋하게나마 인식한 연결 고리는 결국 인도이다.

박경석의 「동남아를 보는 중국의 '식민주의적' 시각: 1920~30년대 여행기를 통해 본 중국인의 '남양' 인식」은 중국인이 남양이라 불렀던 오늘날의 동남아 지역을 여행하고 쓴 여러 편의 여행기를 분석한다. 이 여행자들은 대체로 공직자(량사오윈, 장캉후, 쥐훙머우 등)이거나 화교학교에 파견된 교사(류쉰위, 왕즈청, 궁푸 등)였다. 박경석에 따르면, 1920~30년대에 중국에서는 출판 붐이라 해도 좋을 정도로 남양 여행기가 다량 등장하였는데, 이는 남양 화교의 급증에 따른 남양에 대한 사회적 관심을 반영한 것이다. 이들의 여행기에서 시선은 주로 화교에 쏠려 있으며, 현지인은 '미개한 토인'으로 규정되어 있다. 또한 중국인 여행자들은 '식민지 근대화'의 성과에 많은 관심을 갖고 이에 주목하면서 동남아의 식민지 상태를 자연스럽게 받아들였다. 마지막으로 중국인들은 자신의 세력권이 침범당한 것에 대한 반감으로 서구 제국주의의 식민화에 불만을 표현했다. 결론적으로 박경석은 중국인이 '식민주의적' 시각으로 동남아를 인식했다고 규정한다. "근대적 '식민주의'가 서구의 침략에 의해 촉발되고 추동되어, 왜곡되고 강퍅해진 '철 지난' 중화주의적 사고방식과 결합하였다. 이로써 남양을 여전히 '속국'으로 인식하고 원주민을 야만스럽고 미개한 존재로 인식했다. […] 이런 '식민주의적' 시각에서는 남양에 대한 식민 통치를 자연스러운 것으로 여겼고, 자연히 '진정 남양은 어떤 곳인가'에 대한 관심이 적었다. 중국인 여행자의 남양 인식에는 '남양'이 없었다."

이한우는 1970년 이후 등장한 베트남 관련 한국 소설을 분석하여 한국인이 베트남 또는 베트남인을 어떻게 보았는지 탐구한다. 소설을 여행기에 포함시키는 것이 모든 사람들의 공감을 이끌어내지 못할 수도 있다. 그렇지만 한국-베트남 관계의 역사가 매우 짧고, 이로 인해 대표성이 있거나 역사적인 가치가 높은 '순수한' 여행기를 찾기가 쉽지 않다.[28) 반면 국내에서 발간된 동남아 관련 소설은 대부분 베트남과 관련되었을 정도로 베트남은 한국 소설에서 특수한 위치를 차지하고 있는 것 같다. 이는 베트남전쟁(1964년 한국군 파병)과 관련이 있는데, 베트남전쟁은 1970년대뿐 아니라 2000년대 베트남 관련 소설에서도 여전히 주된 소재로 등장한다. 게다가 이한우에 따르면 베트남 관련 소설은 소설가들의 직접경험과 간접경험을 통해 구성되었다. 따라서 한국 현대소설은 한국인의 베트남 인식을 보여주는 창구 역할을 할 수 있을 것이다. 이한우가 특히 관심을 갖는 소설은 박영한의 『머나먼 쏭바강』(1978), 안정효의 『하얀전쟁』(1983), 이상문의 『황색인』(1989), 황석영의 『무기의 그늘』(1985), 방현석의 『존재의 형식』(2003), 김양호의 『기억의 가면』(2004) 등이다. 이로써 한국인의 베트남 인식에서 여전히 가장 큰 영향을 끼치는 것은 베트남전쟁임을 재차 확인할 수 있다. 그럼에도 불구하고 1970년대에서 2000년대에 이르는 한국 소설은 베트남에 대한 인식의 진화를 보여준다. 이한우에 따르면, "베트남 땅을 처음 밟은 한국군 병사들은 […] 아류 제국주의적 우월감에 젖어 있었다. […] 그러나 한국인들은 베트남인들의 삶에 접근하면서 [⋯] 한국의 아류 제국주의에 대한 비판을 넘어 이의 반성과 극복을 추구하였다." 이한우는 이러한 인식 변화가 작가 개인의 내면적 변화일 뿐 아니라 한국 사회 시대상의 반영이라고 결론짓는다.

## 4. 연구 의의

박경석에 따르면, "여행 이전에 사회적으로 축적된 여행지에 대한 지식과 인식이 여행자의 시선이나 여행기에 반영된다." 마찬가지로 마리아 응은 "아비투스(habitus)를 담고 있는 그릇"인 "여행자들이 쓴 글은 이들이 가진 문화적 편견과 가정을 반영한다"라는 사실을 지적한다. 따라서 여행기는 외부에서 온 여행가 및 그의 출신 사회가 가지고 있는 동남아에 대한 시선을 적나라하게 보여준다는 점에서 흥미로운 소재이다. 예를 들면 스티븐 켁의 논문을 통해 우리는 영국인들이 영국 식민지의 주요한 이주민인 중국인과 인도인의 중요성을 제대로 인식하지 못했음을 알 수 있다. 예외적으로 이사벨라 버드는 "정글에서 멍하니 세월을 보내는" 말레이인과 달리 "영국인보다 더 근면하고 성실한" 중국인을 높이 평가했고, "랑군은 실질적으로 인도인의 도시"라고 안타까워했던 스콧 오코너는 버마를 '파괴'하는 인도인들을 악마처럼 그려냈다. 한편 박경석이 분석하는 중국인 여행자들은 동남아를 "화인혈윤이 사는 식민지"로 보면서 "말레이반도의 개간이 전적으로 중국인 덕택"임에도 불구하고 영국인, 프랑스인, 네덜란드인, 미국인, 일본인 등의 "굴러 온 돌이 박힌 돌을 빼내는" 상황이 초래되었다고 한탄했다. 또한 이옥순이 분석하는 타고르는 "랑군은 버마의 도시가 아니다"라고 반가워하며, 벵골인을 포함한 많은 인도인이 거주하는 버마에서 "고향에 있는 것처럼" 느낄 정도로 동남아에서 인도를 재발견한 사실에 감격했다.

이렇듯 동남아에 대한 외부 세계의 '앎'이 그 앎을 생산한 '권력'과 불가분의 관계라는 사실을 파악하는 작업은 어떤 의미가 있는 것일까. 동남아연구에 대한 인식론적 고찰이라는 학문적인 차원과 현대 한국인의 동남아 인식 재고라는 대중적인 차원에서 각각 이 연구의 기여를 기대해 볼 수 있다. 먼저, 동남아연구에 대한 인식론적 고찰은 동남아라는 개념과 관련이 있다. 소위 지역연구를 하는 학자들에게 있어 해당 지역을 규정하고 정의 내리는 작업은 연구의 전제이자 시작이다. 이 책을 통해 우리는 다시 한 번 동남아란 무엇인지, 그 기초적이지만 난감한 질문을 던지고 이 부분을 고민할 수 있다. 이런 긴장감을 계속해서 발생시킨다는 점에서 동남아연구는 원초적인 숙고를 반복적으로 요구하는 도전적인 분야라는 것을 새삼 확인할 수 있다. 다음으로, 19~21세기에 걸친 외부 세계의 동남아 인식을 추적함으로써 우리는 동남아에 대한 우리의 현재 인식을 재고할 수 있다. 중국인, 인도인, 영국인, 프랑스인 등이 동남아를 각각 자기중심적으로 인식했던 것만큼 한국인도 한국의 맥락에서 동남아를 규정했음이 자명하다. 이 연구를 통해서 동남아에 대한 우리의 앎이 어떤 권력관계 내에서 구축되었는지 자문할 수 있다. 이 자문의 매개가 다양한 여행기라는 점에서 우리 책은 교양 있는 대중과 질문을 공유하고 함께 고민하는 계기를 제공할 것이다.

외부인이 작성한 여행기를 검토함으로써 우리는 동남아시아가 '앎'과 '권력'의 관계 속에서 인식된 양상을 파악할 수 있고, 우리가 가진 지식뿐 아니라 이 지식이 구축된 맥락과 그 과정을 돌이켜 볼 기회를 가질 수 있다. 이 책이 앎과 권력의 관계 안에서 이루어지는 우리와 동남아시아의 만남을 성찰하는 데 기여할 수 있기를 기대한다.

## 2. 프랑스, 인도-차이나, 앙코르

글쓴이 _ 김은영

여행기는 옳건 그르건 타자에 대한 정보를 전달할 뿐 아니라 타자에 대한 글쓴이의 인식을 적나라하게 드러내는, 말하자면 본질적으로 자전적인 글쓰기[1]이기 때문에, 타자에 대한 인식을 탐구하는 훌륭한 재료가 된다. 저자는 외부 세계로는 프랑스를, 동남아 중에서는 소위 '인도-차이나'[2]를, 시기적으로는 19세기를 선택하여, 프랑스인이 인도-차이나를 어떻게 인식하였는지에 대한 연구에 착수하였다.

인도-차이나와 관련된 프랑스 여행기를 수집하면서 저자는 20세기 후반에 등장한 19세기 프랑스 여행기의 영인본 혹은 재판본의 출처를 추적하게 되었다. 이 작업을 통해 저자는 매우 의미 있는 공통점을 발견하였다. 20세기 후반에 재간행된 여러 여행기들이 19세기 프랑스에서 『세계여행(*Le Tour du monde*)』(1860~1914)이라는 삽화 정기간행물을 통해 연재되었던 것이다.[3] 이에 저자는 『세계여행』을 통해 출판된 여행기로 분석대상을 좁히게 되었다. 본론에서 다루겠지만, 출판과 관련하여

* 이 글은 『프랑스사연구』 제24호(2011.02)에 「인도-차이나와 19세기 프랑스 삽화 여행기」라는 제목으로 실린 원고를 단행본에 맞게 수정 · 보완한 것이다.

19세기 프랑스는 정기간행물의 세기라 해도 과언이 아니기 때문에 정기간행물을 통해 유포된 여행기를 분석하는 작업은 적지 않은 가치를 갖는다.

그런데 『세계여행』을 통해 출판된 인도-차이나 관련 여행기를 검토하면서[4] 저자의 관심은 1860년대와 1870년대에 각각 출판된 두 편의 여행기로 쏠렸다. 왜냐하면 제도적 식민화가 완성되기 전에 작성되고 유포된 이 대작 여행기들 안에서 인도-차이나에 대한 특정하고 대중적인 이미지의 기원을 발견했기 때문이다. 다시 말해, 본론에서 분석할 이 두 여행기는 앙코르 와트를 프랑스 대중에게 소개함으로써 인도-차이나라는 미지의 공간을 앙코르 와트라는 구체적 대상과 결합시킨 '선구자'라고 할 수 있다. 19세기에 프랑스에서 '발명'된 서구중심적인 지리 단위인 인도-차이나라는 공간이, 프랑스인에게 '발견'된 앙코르 와트로 상징되는 현상은 '이름짓기'와 '금긋기'가 결합된 19세기 유럽 제국주의의 관행을 전형적으로 드러낸다는 점에서 흥미롭다. 따라서 19세기 프랑스에서 출판된 삽화 여행기를 통해 '앙코르 와트의 인도-차이나'라는 조합의 탄생을 분석하는 작업의 의미가 크다고 생각된다.

즉 이 글에서는 19세기에 발명된 지리 단위인 인도-차이나의 상징으로 앙코르 와트가 자리매김하는 '프랑스 중심주의적' 현상의 기원을 추적하고자 한다. 이를 위해 이 글은 이 현상의 기원에는 식민주의 팽창의 시대인 19세기에 출판된 프랑스 삽화 여행기[5]가 있음을 논증하고자 한다. 19세기 프랑스에서 출판물, 특히 정기간행물을 통해 점점 더 널리 보급되기 시작한 여행기는 타자에 대한 인식을 대중화하기 시작했다. 특히 인도-차이나 여행기는 19세기 프랑스에서 인도-차이나가 어떤 계기로 인해 일반적이고 대중적이며, 현재에도 유효한 이미지를 획득했는지 이해할 수 있도록 돕는다. 무엇보다도 19세기에는 캄보디아의

앙리 무오

영토가 아니었던 앙코르, 다시 말해 미래의 인도차이나연방(Union indochinoise)의 영토가 아니었던 앙코르 지역이 프랑스에서 어떻게 인도-차이나의 상징물이 되었는지, 그 시발점을 바로 여행기에서 찾을 수 있다.

따라서 이 글의 핵심 분석대상은 『세계여행』이라는 프랑스 정기간행물을 통해 출판된 두 편의 삽화 여행기이다. 이 두 편은 앙리 무오(Henri Mouhot, 1826~1861)의 「시암, 캄보디아, 라오스 및 인도-차이나 중부 지방 여행」[6]과 프랑시스 가르니에(Francis Garnier, 1839~1873)의 「인도-차이나 탐험여행」이다.[7] 프랑스의 입장에서 볼 때 발명된 공간인 인도-차이나가 앙코르라는 발견된 유적지와 뗄 수 없는 관계를 맺게 된 첫 계기가 바로 이 두 편의 삽화 여행기임을 이 글에서 보여주고자 한다. 삽화 여행기를 통해 인도-차이나와 앙코르라는 조합이 자리 잡은 프랑스의 맥락을 이해하기 위하여, 먼저 프랑스에서 여행기 장르의 정착 및 대중화를 일별한 후, 19세기 프랑스인에게 외부 세계를 소개하는 데 큰 역할을 한 삽화 정기간행물 『세계여행』의 특징을 분석할 것이다. 다음으로, 삽화 정기간행물 『세계여행』을 통해 처음으로 대중과 만난 상기 두 여행기를 검토함으로써 인도-차이나의 '발명'과 앙코르 와트의 '발견'이라는 조합의 등장을 설명할 것이다.

## 1. 프랑스 정기간행물 『세계여행』

### 1) 19세기 프랑스에서 여행기의 대중화

19세기 프랑스에서는 학문적인 차원뿐 아니라 대중문화에서도 타자 및 타지에 대한 관심이 커지는데, 다수의 지리학회 창립이나 『세계여행』과 같은 대중을 상대로 한 정기간행물의 급증이 그 예이다.[8] 또한 여행, 특히 유럽을 벗어난 여행이 눈부시게 확산되는 19세기에 이르면, 여행자들이 남긴 기록의 양은 파악할 수 없을 정도로 늘어나며 다양해진다. 예를 들어 1808년 총 6권으로 파리에서 출판된 『여행 총서지』의 저자가 '편집자의 글'에서 밝히고 있듯이 이미 "우리 시대에 여행기는 무한대로 급증"하였다.[9] 따라서 『여행 총서지』의 저자는 나라별로, 그리고 각 나라 내에서는 연대기 순으로 여행기를 분류하여 여행기 목록을 작성할 필요[10]를 역설한다. 그러나 일반적으로 여행기 서지는 원칙적으로 단행본만을 다루고 있다. 게다가 단행본 여행기를 빠짐없이 파악하는 작업은 거의 불가능하다. 하물며 정기간행물을 통해 출판된 수많은 연작 여행기의 목록을 작성하는 일은 더 말할 나위도 없다. 이런 이유로 인해 대다수 여행기 서지의 저자 혹은 편집자들은 하나같이 각 서지의 범위를 단행본으로 명확히 한정 짓고 있다. 그러나 19세기 프랑스인의 여행기를 분석대상으로 삼는 역사가에게는 수많은 단행본의 집합보다는 여행기를 전문적으로 보급한 특정한 정기간행물이 의미 있다고 할 수 있다. 왜냐하면 프랑스의 19세기는 정기간행물의 세기였기 때문이다.[11)]

프랑스에서 정기간행물은 복고왕정기(1815~1830)에서 제3공화정기(1870~1940)로 이어지며 눈부시게 발달하였다. 이때 프랑스에서는 일간지 및 잡지가 급증하였고, 프랑스의 모든 사회 계층을 포괄하고 전 지역을 관통하는 인쇄문화가 정착했으며, 이와 더불어 첫 번째 매체혁명이 발발하였다.[12)] 특히 7월왕정기(1830~1848) 동안 인쇄산업이 급격히 발달하였고, 마침내 신문 및 정기간행물은 책이 남긴 빈자리를 차지하기 시작하여, 19세기 중반기에는 더욱더 중요한 역할을 수행하였다. 19세기 전기 30년을 특징짓는 정치혁명이 마무리될 무렵 유럽과 아메리카에서 조성된 매체권력은 지적, 예술적, 문학적 교환 및 정체성 구축을 위한 문화적 도구였다.[13)] 이러한 매체의 역할은 식민화가 진전되던 19세기에 외부 세계의 이미지를 구성, 재구성하는 데에도 강력한 힘을 발휘하였다. 외부 세계의 이미지를 구성하는 데 혁혁한 공을 세운 정기간행물은 단연 여행기를 출판하는 정기간행물이다. 그중 선교사 여행기를 널리 보급한 선교 후원 정기간행물의 선구적 역할을 지적할 필요가 있다. 특히 프랑스인들은 가톨릭 외방 선교에 있어 주도적 역할을 수행하였다.[14)] 예를 들어 『전교회보』[15)]는 19세기에 활발히 활동한 가톨릭 선교 후원 단체인 전교회(OEuvre de la Propagation de la Foi)의 기관지로서 프랑스뿐 아니라 유럽의 여러 나라에서 대량으로 유통되었다. 한편 19세기 동안 인도-차이나 및 조선 등 아시아에서 왕성한 활동을 벌인 파리외방전교회(Société des Missions étrangères de Paris)는 전교회와 밀접한 관계를 유지하면서 『전교회보』를 통해 소속 선교사들의 보고문 및 서한을 출판하였다.[16]

이런 19세기의 배경에서, 무오 여행기의 서문을 쓴 『세계여행』의 편집자는 『전교회보』 및 파리외방전교회 소속 선교사(Pallegoix)의 저작을 인도-차이나 지역에 대한 주요 자료로 언급한다.[17] 또한 무오도 비슷하게 『전교회보』 및 파리외방전교회 소속 선교사(Bouillevaux)의 저작을 인용한다.[18] 1850년부터는 외국어 번역본을 포함하여 대략 15만 부를 발행[19]할 정도로 대량 유통된 『전교회보』가 출판한 선교사 서한 및 보고문은 선교 호소문일 뿐 아니라 이국적 여행기이기도 하다. 예를 들면 조선과 관련하여 『전교회보』가 출판한 선교사들의 서한 대다수는 여행기라고 분류될 만한 글이다.[20] 더구나 『전교회보』는 예수회의 『교훈적이고 호기심 어린 편지』의 진정한 계승자를 자처[21]하면서 창간되었을 정도로, 근대 유럽 교양인을 뒤흔든 이국적 타자에 대한 글쓰기의 부활을 추구하였다.

비록 선교사 여행기가 19세기에도 유럽인들에게 타자에 대한 지식 및 정보를 제공하는 주요 원천으로 기능했다 하더라도, 본격적인 여행 전문 정기간행물의 등장으로 인해 선교사의 독점적 지위에는 변화가 초래되었다. 가장 대표적인 19세기 여행 전문 정기간행물로 『세계여행』을 꼽을 수 있다.[22] 전문 기자의 취재여행이 일반화되는 1890년대 말부터 세계 소식은 현지 파견 기자에 의해 작성되어 대중에게 전달[23]되지만, 19세기에는 외국에 체류 중인 선교사뿐 아니라 박물학자, 공무원, 군인들이 작성한 여행기를 읽음으로써 프랑스 대중은 외부 세계와 접촉하며, 외부 세계를 상상할 수 있었다. 이런 상황에서 여행기의 다양한 출판 형태[24] 중 여행기의 출발점이자 종착점이 된 출판물은 단연 정기간행물이

었다.[25)]

### 2) 『세계여행』의 독보적 역할

『세계여행』은 19세기 프랑스에서 아시아를 비롯한 이국의 풍물 및 풍경을 유통시킴으로써 프랑스인들로 하여금 미지의 세계를 상상하도록 자극했던 중요한 매체였다. '여행과 여행자의 잡지(Journal des voyages et voyageurs)'라는 부제를 달고 있는 『세계여행』은 파리에서 1860~1914년 동안 발간되었으며, 이름에서 알 수 있듯이 프랑스 국내 및 유럽뿐 아니라 전 세계를 아우르는 여행기를 출판하였다. 이 시기 대다수의 삽화 정기간행물과 마찬가지로 『세계여행』도 주간지로서, 정기구독자에게 매주 발송하는 방식[26)]을 통해 판매수익을 올렸다. 이렇게 한 해에 52차례에 걸쳐 일반적으로 16쪽씩 발행된 여행기들은 한 해에 두 번 분기별로 묶여서 매 분기마다 400쪽이 넘는 분량으로 다시 인쇄되었다. 예를 들어 가르니에의 「인도-차이나 탐험여행」은 총 26회에 걸쳐 발행되었으며, 이후 12~15권 등 총 네 권에 걸쳐 분기별로 다시 인쇄되었다. 1860년 2월 1일 첫 호가 발간된 『세계여행』은 두 시리즈로 구분된다. 제1시리즈는 1871년을 제외하고 1860~1894년 동안, 제2시리즈는 1895~1914년 동안 발간되었다.

『세계여행』은 출판사 아셰트(Hachette)에 상업적으로 큰 성공을 안겨준 잡지였다.[27)] 특히 많은 수의 삽화는 더 많은 독자를 끌어 모으는 요인이었음이 틀림없다. 예를 들어 가르니에의 「인도-차이나 탐험여행」의 제1차 발송분은 총 16쪽으로 이루어져 있는데, 이 안에 들어간 삽화는 총 10점이나 된다.[28)] 19세기 중 · 후반기 프랑스에서 가장 일반적이었던 인쇄용 삽화는 사진이나 스케치를 밑그림으로 삼아 눈목판 기법을 이용하여 찍어낸 판화였다.[29] 프랑스에서 사진이 책의 삽화로 처음 인쇄된 해는 1852년이며, 1880년대부터는 사진과 텍스트를 동시에 인쇄하는 기술이 적용되었다.[30] 따라서 사진을 직접 인쇄하여 삽입하는 기술을 도입한 1895년 전까지 『세계여행』은 눈목판 기법을 활용하여 삽화를 찍었다. 사실 19세기 유럽에서 정기간행물의 발달은 판화 기법의 진보와 밀접한 관련을 맺고 있다. 특히 18세기 영국에서 발명된 눈목판 기술 덕분에 섬세한 표현이 가능해졌을 뿐 아니라 목판은 압착기의 압력을 견딜 정도로 견고해졌다.[31] 그러나 이 기술은 작업시간이 길고 고가였기 때문에 투자비용을 회수하기 위해서는 더 많은 독자를 상대로 인쇄물을 찍어내야 했다. 이런 조건에서 눈목판 기법을 활용할 수 있는 매체는 정기간행물뿐이었다. 결국 19세기에 정기간행물은 눈목판 기법 덕분에 다량의 질 높은 삽화를 생산하였고, 삽화의 존재는 정기간행물의 시장성을 월등히 향상시켰으며, 덕분에 이 시기에 이미 이미지는 정보의 핵심적 요소로 자리 잡았다.[32]

이렇듯 새로운 기법의 삽화로 무장한 『세계여행』을 위시한 여행 및 지리 정기간행물은 19세기 프랑스에서 식민지 및 이국에 대한 정보를 유포하며 상상의 세계를 퍼뜨리는 주요 통로였다. 사실 『세계여행』은 식민사업과 관련해서 직접적으로 영향력 있는 정보를 제공하거나 식민사업 로비를 벌인 매체는 아니었지만,[33] 식민지 모험을 대중화하는 데 중대한 역할을 하였고, 이국에 대한 환상과 상상을 구축하는 데 크게 이바지하였다.[34] 지리와 여행기, 다양한 발견 등에 주력하면서 호기심과 상상력을 자극하는 한편 학문적 연구를 촉진하고자 한 『세계여행』은 아래 인용문에서 알 수 있듯이, 그 시기 다른 여러 정기간행물과는 다르게 폭넓은 대중을 독자로 설정하였고, 의도적으로 수많은 삽화를 곁들임으로써 외부 세계에 대한 다양한 층위의 이미지를 창출하고 이를 프랑스 대중과 공유하였다. 선교 후원 정기간행물이나 식민주의 언론도 여행기로 분류될 수 있는 수많은 보고문을 출판하고 외부 세계에 대한 정보를 제공하였지만, 명확하고 특수한 종교적 혹은 정치적 목적을 가진 여타 매체와 달리 『세계여행』은 대중성을 추구하였다. 『세계여행』의 창간자이자 1889년까지 편집장을 역임한 샤르통(Edouard Charton, 1807~1890)은 잡지의 창간 목적 및 독자층에 대해 다음과 같이 밝히고 있다.

> 『세계여행』의 목적은 우리 시대에 이루어지고 있는 여행을 알리는 것이다. 국내 여행이든 해외여행이든 신뢰할 수 있고 상상과 호기심 충족 혹은 연구에 가장 큰 기여를 할 수 있는 여행을 알리는 것이다. 『세계여행』은 미발표 보고문을 우선적으로 선택하겠지만, 현재 이루어지고 있는 세계 탐사를 완결성 있게 다루기 위해서 이미 출판된 보고문을 위한 자리도 남겨둘 것이다. 한편 『세계여행』은 특정 독자층을 전혀 염두에 두지 않는다.[35]

한편 샤르통은 삽화의 쓰임새도 적극적으로 강조하고 있다.

> 우리가 텍스트를 중시하는 만큼 삽화를 중시하는 것은 당연하다. 시 혹은 소설과 같은 문학 작품에서 삽화는 장식에 불과하지만, 여행기에서 삽화는 필수 불가결한 요소이다. 움직이는 것이든 그렇지 않은 것이든 많은 것들을 제대로 묘사하기란 쉽지 않다. 뛰어난 문체의 소유자라 하더라도 독자에게 모든 것을 명확하게 전달하지는 못한다. 그러나 여행자가 펜을 잠시 내려놓고 붓을 들어 몇 번 붓질을 해주면, 독자의 눈으로 현실이 들어오며 이는 영원히 지워지지 않을 것이다. [...] 전문 화가의 도움 없이 그림을 그릴 수 있는 여행자는 점점 더 많아지

고 있다. 또한 전 세계로 퍼진 사진술은 물질적 증언으로서 의심의 여지가 없을뿐더러 심지어 그림보다 더 나은 거울이다.[36]

대중적 삽화 여행기에 대한 이러한 애착은 샤르통의 이력을 통해 볼 때 매우 자연스러운 행보이다. 샤르통은 1833년 『풍경을 곁들인 잡지(*Magasin pittoresque*)』(1833~1938)를 창간함으로써 프랑스에 최초로 삽화 정기간행물을 도입한 인물이다.[37] 세계 최초의 삽화 정기간행물은 1832년 런던에서 등장하였는데,[38] 제1세대 삽화 정기간행물은 정보 전달보다는 대중교육에 주력했다.[39] 제2세대 삽화 정기간행물도 1842년 런던에서 탄생하였고,[40] 이 시기부터 정기간행물은 시사와 이미지를 결합하기 시작하였다.[41] 샤르통은 1843년 프랑스에서 제2세대 삽화 정기간행물인 『삽화(*L'Illustration*)』(1843~1853)의 창간에 참여하였으나, 『삽화』가 교육보다는 정보 전달을 강조하는 데 반대하여 곧 이 잡지에서 손을 뗀다.[42] 생시몽주의자이자 계몽사상의 계승자인 샤르통은 유용한 지식 보급이라는 프랑스식 모델을 고수하는데,[43] 바로 이런 맥락에서 『세계여행』이 탄생하였다. 따라서 여행 전문 정기간행물이기는 하지만 『세계여행』은 시사 및 정보의 전달보다는 유용한 지식의 대중적 보급에 중점을 두었다.

## 2. 인도-차이나의 '발명'과 앙코르 와트의 '발견'

### 1) 인도-차이나의 '발명'

삽화 정기간행물인 『세계여행』의 사료적 가치는 인도-차이나 이외의 지역에 대한 여행기에서도 드러난다. 예를 들어 1866년에 병인양요가 발발했을 당시 프랑스 해군 장교로서 강화도에 잠시 체류한 앙리 쥐베르(Henri Zuber, 1844~1909)는 귀국 후 『세계여행』을 통해 「조선원정」[44]이라는 여행기를 출판하였는데, 이 여행기에 삽입된 목판화는 조선을 실제로 본 서양인이 출판한 최초의 조선 '진경화'로 추정된다.[45] 이는 『세계여행』 삽화의 희소성과 중요성을 보여주는 좋은 예이다.

조선과 비교할 수 없을 정도로 프랑스와 훨씬 밀접한 관계를 맺은 인도-차이나의 경우 『세계여행』의 삽화는 양적으로나 질적으로 더욱 중요할 수밖에 없다. 더구나 인도-차이나라는 지리 용어 자체가 프랑스에서 창작되었기 때문에, 이 지역을 직접 방문한 프랑스인의 여행기는 흥미로운 자료가 된다. 인도-차이나를 지리 용어로 발명한 인물로 인정받는 말테브룬은[46] 1804년 출판한 『수학적, 물리적, 정치적 세계지리』[47]의 제12권에서 처음으로 인도-차이나라는 개념[48]을 선보이며, 1813년 출판된 『세계지리개요』[49]의 제4권에서 이 개념을 본격적으로 정의하고자 시도한다.[50] 1810년에 제1권이 출판된 『세계지리개요』 초판은 총 8권으로 이루어져 있는데, 이 저서를 통해 말테브룬은 현대 지리학의 초석을 놓았다는 평가를 받고 있다.[51] 『세계지리개요』에서 인도-차이나에 대한 해설은 제4권의 제72장과 제73장에 걸쳐 등장한다. 이 중 제72장의 도입 부분에서는 "동인도 혹은 인도-차이나에 대한 전체적 묘사(Description générale de l'Inde orientale ou de l'Indo-Chine)"라는 제목 하에 인도-차이나가 전반적으로 소개되고 있다. 바로 이 대목에서 말테브룬은 인도-차이나라는 용어를 정의한다.

> 아시아 전체 중에서 이제 남은 지역은 버마제국 및 통킹, 코친차이나, 라오스, 캄보디아, 시암왕국, 그리고 말라카의 여러 독립 국가들을

> 포함하는 부분이다. 이 지역을 통틀어 지칭하는 용어는 존재하지 않는다. 혹자는 갠지스강 저편의 반도(presqu'île au-delà du Gange)라 부르기도 하는데, 엄격히 말해 이 지방은 하나의 반도가 아니다. 여러 지리학자들은 이 지방을 외(外)인도(Inde extérieure)라고 명명하기도 했다. […] 그러나 이 나라들이 중국제국에 때때로 복속되기도 했다는 사실과 용모, 키, 피부색 및 풍속, 종교, 언어의 측면에서도 대부분의 거주민들이 중국인들과 매우 흡사한 점으로 미루어 몇 년 전부터 명쾌하고 축약적이며 듣기 좋은 새로운 이름으로 이 지방을 부르게 되었다. 그 이름은 바로 인도-차이나(Indo-Chine)이다.[52]

이렇듯 인도와 중국은 이미 유럽인들에게 익히 알려진 지역이기 때문에 '명칭이 없는' 이웃 지역의 작명을 위한 재료가 되었다. 특히 고대 그리스인들과 고대 로마인들의 저작에도 등장하는 인도는 16세기 이후로 남아시아를 포괄하는 용어로 사용되기도 하였다.[53] 한편 포르투갈인들을 중심으로 항해 및 교류가 발달하면서 16세기 이후로 중국에 대한 유럽인들의 실증적 지식이 비약적으로 증대되자[54] 말테브룬과 같은 지리학자는 중국과 '외인도'의 유사성에 주목하게 된다.[55] 이에 따라 '갠지스강 저편의 반도' 혹은 '외인도'라고 불리던 지역은, 19세기 초반이 되자 학문적으로 더 큰 설득력이 있다고 간주되는 '인도-차이나'라는 새로운 이름을 얻는다. 비록 이 신조어가 처음부터 프랑스 학계로부터 폭발적인 지지를 받은 것은 아니나,[56] 『세계여행』에 실린 22편의 인도-차이나 관련 여행기를 검토한 결과, 19세기 중반에는 이 용어가 확고히 자리를 잡았음을 확인할 수 있었다. 게다가 초기에는 현재의 동남아 대륙부를 가리키던 인도-차이나라는 지리 · 문화적 용어는 프랑스의 식민화, 특히 인도차이나연방 창설과 더불어 그 대상을 현재의 베트남, 라오스, 캄보디아로 좁히면서 식민주의적 행정용어로 진화한다.

따라서 인도-차이나라는 용어가 프랑스에서 정착하면서 식민주의적 함의를 구체화하던 19세기에 『세계여행』을 통해 출판된 삽화 여행기는 이 새로운 지역의 이미지를 만들어내는 데 중요한 역할을 수행한다. 특히 몇몇 여행기가 『세계여행』 연재가 끝나기도 전에 동일한 삽화와 함께 단행본으로 발간된 사실에 주목할 필요가 있다. 예를 들어 앙코르 와트의 이미지를 서양에 처음으로 소개한 무오의 여행기는 『세계여행』의 삽화를 그대로 활용하여 1864년 런던에서 영어 단행본으로 출간되었다. 『세계여행』 편집자의 주석에 따르면, "런던 소재 출판사(John Murray)가 연말에 내놓을 영문본은 8절판으로 인쇄되며, 본 연재의 삽화를 그대로 실을 예정이다"[57]라고 했다. 또한 가르니에의 여행기는 『세계여행』 연재가 끝나갈 무렵 단행본으로 출간되었다.[58] 게다가 이 여행기들은 이후 반복적으로 인용되거나 재간행되었다.[59] 이렇듯 인도-차이나와 관련해서 보자면, 『세계여행』에 삽입된 목판화 및 사진은 오늘날까지 끊임없이 사료로 인용되고 있다.[60]

1860~1914년 동안 『세계여행』을 통해 출판된 인도-차이나 관련 여행기는 22편이며, 이 중 1900년 이전에 출판된 여행기는 모두 14편이다. 이 모든 여행기의 분량은 매우 다양하다. 인도-차이나와 관련된 가장 긴 여행기는 1870~1873년 동안 연재된 가르니에의 「인도-차이나 탐험여행」으로 두 열 412쪽에 달한다. 두 번째로 긴 여행기는 1889~1891년 동안 연재된 군의관 오카르(Edouard Hocquard, 1853~1911)의 「통킹에서 보낸 30개월」[61]로 두 열 305쪽의 분량이다. 영국의 왕립지리학회(Royal Geographical Society)와 런던동물학회(Zoological Society of London)의 후원을 받아 인도-차이나로 연구 여행을 떠난 프랑스인 박물학자 무오의 여행기 「시암, 캄보디아, 라오스 및 인도-차이나 중부 지방 여

행」[62]은 두 열 134쪽의 분량이다. 가장 짧은 여행기는 1898년에 출판된 토목공사 공무원 아고스티니(J. Agostini)의 「프놈펜 (캄보디아 여행)」[63]으로 두 열 12쪽에 불과하다. 한편 19세기에 출판된 14편의 여행기 중 한 편은 영국 군인이 작성한 여행기의 프랑스어 번역본이며, 나머지 13편은 모두 프랑스인에 의해 작성되었다. 열두 명의 프랑스인 저자(한 명은 두 편 투고) 중 군의관을 포함하여 해군에 소속된 사람은 일곱 명이나 된다. 그 외 박물학자가 두 명, 토목공사 공무원과 국회의원이 각각 한 명, 나머지 한 명은 사업가 겸 탐험가이다.

### 2) 앙코르 와트의 '발견'

여러 여행자 중 21세기 프랑스에서도 유효한 '앙코르 와트로 상징되는 인도-차이나' 조합을 구축하는 데 가장 결정적인 기여를 한 여행자는 무오와 가르니에라고 할 수 있다. 1863년 출판된 무오의 여행기는 처음으로 삽화를 곁들여 앙코르를 소개함으로써, 그때까지 나왔던 다른 앙코르 탐방기[64]와는 차별된 중대한 전환점이 되었다. 13세기에는 중국인 주달관(周達觀)이, 16세기에는 포르투갈인들이 앙코르를 방문하고 기록을 남겼지만, 대중에게 앙코르를 알린 사람은 무오이며, 무오의 삽화 여행기를 통해 프랑스 독자들은 이 이국적 세계를 향한 상상의 나래를 펴게 되었다.[65] 1870년부터 연재되기 시작한 가르니에의 여행기에서 그가 확언하듯이 프랑스인들은 무오의 여행기와 삽화를 통해 앙코르 와트를 발견하였다.[66] 총 134쪽에 달하는 여행기 중 앙코르 와트의 묘사에 할애된 분량은 10쪽 남짓하지만, 이 안에는 앙코르 와트와 관련된 삽화가 7개 포함되어 있다.[67] 무엇보다도 무오의 여행기는 『세계여행』을 통해 출판된, 프랑스인이 작성한 첫 번째 인도-차이나 여행기이다. 따라서 삽

앙코르 와트, 앙리 무오

앙코르 와트, 앙리 무오

화를 통해 '정당성'을 획득한, 앙코르 와트에 대한 무오의 경외감을 바탕으로 프랑스인들은 이 새로운 인도-차이나를 시각적으로 상상하기 시작하였다.

> 앙코르에 도착하면 여행자는 경이로움으로 흥분되고 사막 한가운데서 오아시스를 만난 것보다 더 생생한 기쁨으로 가득 차는 것을 느낄 것이다. 마법에 걸린 듯 여행자는 야만에서 문명으로, 깊은 암흑에서 빛으로 순간이동을 한 것처럼 느낄 것이다. […] 아! 내가 샤토브리앙(Chateaubriand)이나 라마르틴(Lamartine)의 펜을 가졌다면, 클로드 로랭(Claude Lorrain)의 붓을 가졌다면, 더 이상 존재하지 않는 어떤 민족의 유적에 불과한 이 탁월한 폐허들이 얼마나 아름답고 위대한지 예술가들에게 알릴 수 있을 텐데.[68]

> 이 사원을 본 순간 정신이 움츠러드는 것 같고, 상상력은 한계를 초월하는 것 같다. 바라보고 탄복하고 경이로움에 사로잡혀 이내 침묵한다. 지구상에는 아마도 그 대응물이 존재하지 않으며, 솔로몬의 성전만이 그 경쟁작이 될 만한데, 이런 작품을 칭송하기 위한 어휘를 어디에서 찾겠는가.[69]

앙코르와 관련하여 보자면, 무오의 여행기를 계승하는 가르니에의 여행기는 1870년 『세계여행』을 통해 출판되기 시작하였다. 이 여행기에서 가르니에는 무오의 여행기를 여러 차례 언급한다. 가르니에가 아래의 인용문에서 증언하다시피, 무오의 글과 그림을 통해 처음으로 프랑스 독자들은 앙코르 와트를 발견하였다.

> 독자들은 바로 이 지면을 통해 출판된 무오의 여행기와 그림 덕분에 이 폐허의 일부에 대해 이미 알고 있다.[70]

> 이 폐허를 새롭게 재발견한 사람은 고(故) 무오다. 이 폐허의 모습은 1838년경에 출판된 가장 완성도 높은 삽화 출판물인 『삽화세계(*Univers Illustré*)』에서조차 찾아볼 수가 없을뿐더러 『삽화세계』는 캄보디아에 대해서는 언급조차 하지 않는다. 무오는 현 세기에 앙코르를 방문한 최초의 인물은 아니지만, 앙코르에 대해 있는 그대로 묘사하고 흥미로운 그림을 전해 준 최초의 인물이다.[71]

가르니에의 「인도-차이나 탐험여행」은 『세계여행』을 통해 출판된, 프랑스인이 작성한 두 번째 인도-차이나 여행기로서, 1870~1873년 대략 4년 동안 총 26회에 걸쳐 정기구독자에게 발송되었다. 또한 가르니에의 이 보고서는 프랑스 해군 당국의 후원을 받아 연재가 끝나기 전에 『세계여행』의 출판사인 아셰트출판사를 통해 총 1,100쪽에 달하는 공식 출판물로 재탄생하였다.[72] 프랑스 · 프로이센전쟁(1870년 6월~ 1871년 1월)으로 인해 1871년에는 『세계여행』이 발행되지 않았고, 여러 사정으로 인해 가르니에 여행기는 세 차례에 걸쳐 연재가 중단되는 우여곡절을 겪었다. 그러나 「인도-차이나 탐험여행」의 마지막 호에 부가된 편집자의 「결론」을 통해 알 수 있듯이, 가르니에 여행기는 연재 중에 이미 프랑스 독자로부터 주목할 만한 호응을 받았다.[73]

특히 상당한 분량을 자랑하는 가르니에의 이 유명한 「인도-차이나 탐험여행」은 앙코르 와트 방문으로 시작된다. 1870년의 처음 2회 분량 32쪽은 모두 앙코르 와트에 할애되었을 뿐 아니라, 첫 호 첫 면은 앙코르 와트의 전면 모습으로 장식되었다.[74] 더구나 32쪽 안에 포함된 앙코르

앙코르 와트, 가르니에

와트의 다양한 이미지는 모두 19개에 달한다.[75] 또한 가르니에 여행기를 동반한 앙코르 와트 삽화는 무오의 삽화보다 질적으로도 월등히 뛰어나다. 왜냐하면 가르니에 여행기의 삽화는 대부분 사진을 바탕으로 제작되었기 때문이다. 반면 무오의 삽화는 사진을 바탕으로 한 것이 없을뿐더러, 무오의 크로키 및 설명을 기초로 전문 화가가 그림을 그린 후 이를 이용하여 판화를 제작하는 번거로운 과정을 거쳤다.[76] 말하자면 「인도-차이나 탐험여행」의 전체 분량과 비교해 볼 때 앙코르 와트와 관련된 부분이 결코 많은 양은 아니지만, 가르니에 여행기는 이보다 7년 앞서 출판된 무오의 여행기를 계승하여 불가사의하고 매혹적인 앙코르 와트의 이미지를 완성한다.

이 긴 도로 위에서 위엄 있게 걸음을 뗴는 코끼리를 타고 둘러본, 환상적인 용으로 장식된 이 웅장한 입구, 양편으로 퍼진 작은 호수 같은 두 개의 대규모 수조, 사원의 거대한 외관, 이 모든 것을 통해 우리

앙코르 와트, 가르니에

> 는 일상적인 비율을 초월하여 고안된 중대한 작품을 목전에 두고 있음을 깨닫는다. 무오의 글과는 달리, 견줄 만한 대상으로 솔로몬의 성전만 꼽을 수 있는 정도는 아니지만, 바로 이곳에 무명의 미켈란젤로의 걸작이 있다.[77)]

즉 프랑스에서 상상의 인도-차이나를 대표하는 상징으로 앙코르 와트가 자리 잡을 수 있었던 기원에는 바로 『세계여행』이라는 삽화 정기간행물을 거쳐 유통된, 무오와 가르니에의 여행기 및 삽화가 자리하고 있다. 그러나 앙코르 지역은 17세기 말 이후 시암의 영토로 편입된 상태였으며, 1907년 3월 23일 프랑스 · 시암 조약에 따라 가까스로 캄보디아의 영토로 '회복'[78)] 된 곳이다. 따라서 무오와 가르니에의 여행기를 통해 인도-차이나의 상징으로 자리 잡은 앙코르 지역은 이들의 방문 당시에는 미래의 프랑스 보호국인 캄보디아의 영토가 아니었다. 또한 시대착오를 무릅쓰고 표현을 하자면, 19세기에 앙코르 지역은 인도차이나연방의 설

앙코르 와트, 가르니에

앙코르 와트, 가르니에

립(1887년)을 통해 형성될 인도차이나라는 행정 단위에 속하지 않는 상태였다. 그럼에도 불구하고 무오와 가르니에의 여행기를 통해 형성된 앙코르에 대한 환상 및 앙코르의 상징성은 오랫동안 효력을 발휘하고 있다.

따라서 삽화 여행기가 선보인 앙코르 와트의 인도-차이나라는 조합이 생명력을 가질 수 있었던 배경으로 프랑스의 제국주의적 팽창을 언급하지 않을 수 없다. 다시 말해, 식민주의 팽창으로 인해 이 조합이 지속되었다고 할 수 있다. 사실 프랑스의 해군부 및 식민지부의 내부에서 유통된 기능적인 인도-차이나 관련 보고서 혹은 여행기의 양은 상당히 많은 편이다. 그러나 이 내부 보고서 중 당시에 일반인에게까지 유포된 것은 당국이 추구하는 목적에 부합하거나 그런 방향으로 손질된 문건뿐이었다. 당연히 『세계여행』 등을 통해 출판된 군인 및 공인의 여행기는 관련 기관의 허가를 받아 세상에 나온 것이다. 더군다나 앞서 언급했듯이, 대

앙코르 와트, 가르니에

앙코르 톰, 가르니에

다수의 인도-차이나 관련 여행기 저자들은 해군 소속이었다. 결국 일반인에게 유통된 대다수의 인도-차이나 여행기는 제2제정(1851~1870)을 거쳐 제3공화정(1870~1940)의 전반기까지 프랑스 정부의 식민화 계획에 도움이 되는 내용을 담고 있었고, 이런 여행기에서는 인도-차이나가 프랑스인의 호기심을 자극하는 모습으로 등장해야만 했다. 특히 '식민정책(politique coloniale)'이 정의되고 확인되었던 나폴레옹 3세의 제2제정기 동안에는 '식민문화(culture coloniale)'가 프랑스에서 출현하였고, 삽화 정기간행물은 여론을 조성하기 위한 유용한 수단으로 기능하기 시작하였다.[79] 소위 '해군 제국주의(impérialisme naval)' 시대인 19세기 중반기에 프랑스의 식민지는 해군력에 의해서 획득되었을 뿐 아니라, 무엇보다도 해군을 위해서 마련되었다.[80] 특히 멀고 먼 인도-차이나 원정에 투입될 수 있는 군사력은 해군뿐이었고 본국과의 연락도 오로지 선박을 통해서만 이루어졌다.[81] 이런 맥락에서 앙코르 와트로 대표되는 인도-

차이나라는 그림의 확고한 정착은 해군 주도의 식민정책의 산물이라고 할 수 있다. 추후 앙코르에 대한 프랑스의 관심은 '문명화 소명'과 맥을 함께하면서 크메르의 유산을 크메르인들에게 돌려준다는 '역사적 정당성'까지 획득하고 1907년 시암으로부터 앙코르 지역을 빼앗아 오도록, 혹은 되찾아 오도록 돕는 역할을 수행한다.[82)]

## 3. 맺음말: 타자 발명하기

앙코르 와트와 인도-차이나의 결합은 19세기 중반기에 무오와 가르니에의 삽화 여행기를 통해 본격화되었다. 1887년 인도차이나연방 수립으로 제도적인 식민화가 완성되고, 인도-차이나라는 지리적 혹은 문화적 용어가 안정적인 고유명사인 행정용어 인도차이나로 완전히 자리를 잡은 이후에도 이 조합은 큰 변동을 겪지 않는다. 특히 앙코르 와트를 통해 이국적이고 신비로운 인도차이나를 상상하는 프랑스인의 관행은 20세기에도 어렵지 않게 찾아볼 수 있다. 가장 결정적인 예로, 1931년 파리에서 개최된 식민지박람회에서 앙코르 와트가 인도차이나를 대표하는 건축물로 재현된 사실[83)]을 들 수 있다. 또한 식민주의에 반대하는 공산당의 반제국주의연맹(Ligue anti-impérilaiste)이 식민지박람회에 맞서 같은 해에 개최한 〈식민지에 대한 진실(La Vérité sur les colonies)〉 전시회의 포스터[84)]를 보아도 전경에는 흑인, 아랍인, 베트남인 혹은 그렇게 추정되는 세 인물이 등장하지만, 뒷배경에는 앙코르 와트만 우뚝 서 있는 사실을 관찰할 수 있다.

게다가 인도차이나라는 용어가 내포한 제국주의적 의미를 경계하는[85)] 오늘날 탈식민화 시대에도 인도차이나는 여전히 앙코르 와트와 결합되어 있음을 종종 목격한다. 일례로 2001년 프랑스 국립기메박물관(Musée national des Arts asiatiques Guimet)이 출판한 『인도차이나 사진: 19세기 통킹, 안남, 코친차이나, 캄보디아, 라오스』[86]라는 제목의 사진집 표지를 장식하는 이미지는 뤼시앵 푸르느로(Lucien Fournereau, 크메르예술 연구자)가 1888년 앙코르 와트에서 찍은 사진으로서, 이 사진은 장식 기둥을 사이에 두고 여신(devata) 조각상과 캄보디아 소년이 각각 좌우에 위치한 장면을 담고 있다. 또 다른 비슷한 예로 역사가가 아닌 언론인이 집필한 『인도차이나의 역사: 제국의 진주, 1624~1954』[87]를 들 수 있다. 이 단행본의 표지는 시그마(Sygma)사 출처 1920년 앙코르 와트 사진이다. 또한 인도차이나 총독을 역임한 알베르 사로(Albert Sarraut)가 1930년에 출판한 '홍보용' 책자 『세계의 이미지: 인도차이나』[88]의 2010년 영문 번역판[89] 표지는 앙코르 유적의 사진이다.

프랑스인들이 그들 중심으로 인도-차이나를 인식했다는 사실에는 전혀 새삼스러울 것이 없다. 19세기에 유럽인들은 그들에게 알려지지 않은 공간에 이름을 붙이기도 하고, 새로운 단위를 만들어내기도 하면서 팽창을 꾀하였다. 새로운 지역 단위인 인도-차이나라는 공간을 정의하고자 한 19세기 프랑스인들에게 이 인도-차이나는 탐험 및 정복의 대상이었다. 또한 이 대상은 "유용한 지식의 대중적 보급"을 추구하는 삽화 정기간행물 『세계여행』과 같은 출판물이 다량으로 찍어 낸 텍스트와 이미지에 의해서 쉽게 규정될 수 있는 세계였다. 인도-차이나를 규정하는 데 중요한 역할을 한 많은 요인들 중 하나인 무오와 가르니에의 여행기는 인도-차이나를 앙코르 와트와 결합시켰다는 점에서 주목받을 가치가 있다. 말하자면 제국주의 팽창의 시기인 19세기에 탐험 및 정복의 대상인 인도-차이나라는 공간이 앙코르 와트로 미화되었던 배경에는 삽화 정기간행물 『세계여행』이 출판한 무오와 가르니에의 여행기가 있다. 19세기에 앙코르 지역은 캄보디아의 영토가 아니었음에도 불구하고 앙코르의 '발견'을 통해 '발명'된 인도-차이나를 자기화한(appropriate) 프랑스의 예는, 그 허구성에도 불구하고 제국주의 담론이 발휘했던 파급력의 정도를 잘 보여준다.

〈부록 1. 19세기에 『세계여행』을 통해 출판된 프랑스인의 인도-차이나 관련 여행기〉

| 출판 연도 | 지은이 | 제목 |
|---|---|---|
| 1863 | Henri Mouhot<br>박물학자 | Voyage dans les royaumes de Siam, de Cambodge, de Laos et autres parties centrales de l'Indo-Chine<br>시암, 캄보디아, 라오스 및 인도-차이나 중부 지방 여행 |
| 1870~1873 | Francis Garnier<br>해군장교 | Voyage d'exploration en Indo-Chine<br>인도-차이나 탐험여행 |
| 1875 | Morice<br>박물학자 | Voyage en Cochinchine<br>코친차이나 여행 |
| 1877 | Romanet du Caillaud<br>사업가, 모험가 | La conquête du delta au Tong-King<br>통킹 삼각주 점령기 |
| 1879 | Jules Harmand<br>군의관 | Le Laos et les populations sauvages de l'Indo-Chine<br>라오스 그리고 인도-차이나의 야만인 |
| 1885 | Paul Marie Néïs<br>군의관 | Voyage dans le Haut Laos<br>라오스 고지대 여행 |
| 1889~1891 | Édouard Hocquard<br>군의관 | Trente mois au Tonkin<br>통킹에서 보낸 30개월 |
| 1891 | Gabriel Bonvalot<br>국회의원 | De Paris au Tonkin à travers le Tibet inconnu<br>미지의 티베트를 가로질러 파리에서 통킹까지 |
| 1893 | Cupet<br>해군장교 | Chez les populations sauvages du sud de l'Annam<br>안남 남부 야만인들의 지역에서 |
| 1893 | De Malglaive<br>해군장교 | Six mois aux pays des Kha(sauvages de l'Indo-Chine)<br>카종족(인도-차이나의 야만인) 지역에서 보낸 6개월 |

| | | |
|---|---|---|
| 1897 | E. Roux<br>해군장교 | Aux sources de l'Irraouaddi. D'Hanoï à Calcutta par terre<br>이라와디강의 수원을 찾아서 - 하노이에서 캘커타까지 도보 여행 |
| 1898 | J. Agostini<br>토목공사 공무원 | Pnom-Penh (Voyage au Cambodge)<br>프놈펜(캄보디아 여행) |

### 〈부록 2. 19세기에 『세계여행』을 통해 출판된 인도-차이나 관련 여행기 중 1990년 이후 다시 출판된 여행기(프랑스어판, 영어번역판)의 예〉

- Henri Mouhot

"Voyage dans les royaumes de Siam, de Cambodge, de Laos et autres parties centrales de l'Indo-Chine", *Le Tour du monde*(1863).

*Travels in Siam, Cambodia and Laos, 1858~1860*(Singapore: Oxford University Press, 1980~1990).

*Travels in the Central Parts of Indo-China (Siam), Cambodia and Laos, during the Years 1858, 1859 and 1860*(Boston: Adamant Media, 2001).

*Travels in Siam, Cambodia, Laos and Annam*(Bangkok: White Lotus, 2009).

- Francis Garnier

"Voyage d'exploration en Indo-Chine", *Le Tour du monde* (1870~1873).

*Travels in Cambodia and Part of Laos and Further Travels in Laos and Yunnan*(Bangkok: White Lotus, 1996).

*Voyage d'exploration de l'Indo-Chine*(Genève: Olizane, 2009).

- Jules Harmand

"Le Laos et les populations sauvages de l'Indo-Chine", *Le Tour du monde*(1879).

*Laos and the Hilltribes of Indochina*(Bangkok: White Lotus, 1997).

- Paul-Marie Néïs

"Voyage dans le Haut Laos", *Le Tour de monde*(1885).

*Travels in Upper Laos and Siam*(Bangkok: White Lotus, 1997).

- Édouard Hocquard

"Trente mois au Tonkin", *Le Tour de monde*(1889~1891).

*Une Campagne au Tonkin*(Paris: Arléa, 1999).

*Une Campagne au Tonkin*(Boston: Adamant Media, 2001).

- Gabriel Bonvalot

"De Paris au Tonkin à travers le Tibet inconnu", *Le Tour de monde*(1891).

*De Paris au Tonkin à travers le Tibet inconnu*(Genève: Olizane, 2008).

# 3. 영국의 동남아시아 '발견'

글쓴이 _ 스티븐 켁(Stephen L. Keck)

1943년 동남아사령부(Southeast Asia Command)의 최고사령관으로 루이스 마운트배튼(Louis Mountbatten)이 임명되었다. 이는 영국의 생각에 이 지역이 별도의 정체성을 갖고 있다는 결론에 도달했음을 보여주는 사건이다. 동남아사령부는 군사적 필요에 의해 고안된 발명품으로서 전쟁이라는 현실적 상황의 산물이다. 이 기구는 미국과의 협력을 위해 창설되었고, 동남아사령부 및 이의 지도력과 관련된 결정은 총체적인 전략상의 필요사항에 따라 좌우되었다.[1] 영국의 전략가들은 싱가포르와 말라야의 해방을 고려해야 했을 뿐 아니라 버마에서 벌어지는 전투에 대한 시각까지 견지하고 있어야 했다. 이런 상황에서 동남아사령부는 인도, 버마, 인도차이나, 말라야(싱가포르 포함), 네덜란드령 동인도제도를 관리했다. 영국의 점령지였던 인도가 동남아에 포함된 사실이나 필리핀이 동남아에 포함되지 않은 사실은 정치적인 차원에서 그 이유를

---

* 번역: 김은영(편자) · 유예지(서강대 정치외교학과 석사과정, 동아연구소 조교). 이 글의 영문제목은 The British 'Discovery' of Southeast Asia로, 『동아연구』 제30권 1호(2011.02)에 영문으로 실렸다.

루이스 마운트배튼 최고사령관

찾을 수 있다. 어찌 되었든 간에, 동남아사령부의 창설은 영국의 정책에 큰 변화가 일어났음을 의미했다. 왜냐하면 개별적 식민지 및 국민(nations)에 바탕을 둔 시각을 내세우던 영국이 이제는 하나의 지역이라는 시각을 갖게 되었기 때문이다.[2)]

물론 영국의 전략가들은 오늘날 동남아시아라고 알려진 이 지역에 대해서 이미 그 전에도 고려하기는 했다. 이 지역에 개입한 영국의 역사를 자세히 언급할 필요는 없지만, 동남아와 관련된 영국사는 영국의 식민 점령지보다 범위가 더 넓다는 점을 지적하고자 한다. 예를 들면 영국은 암본(Ambon) 지배를 두고 비록 성공하진 못했지만 네덜란드와 경쟁을 했을 뿐 아니라 18세기에는 필리핀의 일부를 잠시 점유하기도 했고 19세기에는 태국에 간섭하기도 하였다. 그럼에도 불구하고 영국 담론에 대한 연구를 통해 볼 때, 아직도 영국이 이곳을 하나의 구분되는 지역으로 이해하지 않았음을 알 수 있다. 대신 영국은 동남아를 크게 두 지역 혹은 오스트레일리아를 포함하여 세 지역으로 인식하고 있었다. 추후 동남아로 구분되는 육지와 해양은 이 지역이 인도 및 중국과 맺고 있던 대략적인 관계에 따라 이해되는 상황이었다.

한편 영국인들이 쓴 글을 보면, 영국인들은 분명 이 지역에 상당히 많은 관심을 갖고 있었음을 알 수 있다. 사실 영국인들은 널리 알려진 인류 지식의 분과나 영역을 넘나드는 글을 상대적으로 많이 남겼는데, 이런 글쓰기를 통해서 영국인들은 '식민주의 지식'을 생산하였다. 이 지식은 제국주의 권력의 표현이기도 했다. 특히 식민주의적 세계관의 핵심은 지도 제작과 지리에 관한 지식의 생산이라 할 수 있다. 동남아 내에서 지역적 및 일국적 발전에 끼친 지도제작의 영향은 통차이 위니차쿨(Thongchai Winichakul) 및 여러 학자들에 의해 탐구되고 있다.[3] 이 연구자들에 따르면 지도제작 기술의 발전은 유럽 식민 열강뿐 아니라 동남아 지역의 정치 지도자들에게도 중대한 도구였다. 이처럼 식민시대 지도제작의 중요성을 강조함으로써 제국주의의 지배 아래 놓인 지식과 권력의 연결고리 중 일부를 유용하게 풀어낼 수 있다. 물론 다른 식민 열강과 마찬가지로 영국도 지도제작 과정의 중요성만큼이나 그 어려움을 충분히 인식하고 있었음을 지적할 필요가 있다. 예를 들면 아치볼드 칼코훈(Archibald Colquhoun, 1848~1914)은 영국이 유럽의 경쟁국들에 뒤떨어져 있다고 비판했다.

> 인도총독부는 정보 지침이나 지명사전을 보유하고 있지 않다. 또한 인도 동부 및 인접 국가 전체를 다루는 가치 있는 최신의 지도도 가지고 있지 않다. 독일은 지도와 관련해서 우리와 비교할 수도 없는 최고의 것을 보유하고 있다. 우리의 항해도(Admiralty charts)가 유일한 예외이다. 사실상 독일의 지도는 중국과 일본뿐만 아니라 극동 지역의 모든 국가들과 관련된 최신 정보를 담고 있는 유일한 지도이다. 우리 특파원은 현장에서뿐만 아니라 동양을 묘사하는 책을 출판할 때에도 독일의 지도를 사용해야만 한다.[4]

니콜라스 탈링(Nicolas Tarling)은 영국이 동남아시아에 개입했던 이 시기를 '반작용적(reactive)'이라고 특징짓고 있다. 왜냐하면 그는 제국의 팽창을 가능하게 한 것은 외부 요인이라고 보기 때문이다.[5] 다시 말해 영국인들이 동남아 지배를 결정한 것이 아니라, 정치적이고 경제적인 발전이라는 요인이 그들로 하여금 버마, 보르네오, 말라야 지역을 점유하도록 유도했다는 것이다. 사실상 경쟁력 있는 외교를 위한 요청은 상업적 요청과 같은 맥락이었다. 영국이 식민정책을 수립해야 할 필요성으로 인해 버마 국경지역, 태국, 말라야, 네덜란드령 동인도 등에 상품 공급이 촉진되었던 것이다. 따라서 영국은 상업적 이해관계에 따라 '동남아 본토'와 '동남아 도서부'에 대한 중요한 정보를 축적했다. 이러한 집요한 노력에도 불구하고 영국은 이 지역의 국경이나 경계를 규정하는 데는 큰 관심을 두지 않았다. 게다가 영국이 계속해서 성공적인 제국주의자로 존재할 수 있었던 이유로 동남아에 여러 국민이 형성됨에 따라 영국이 펼친 '분리통치(divide and rule)' 정책을 들 수 있다. '분리통치' 정책은 분명 영국 식민지 통치의 중요한 수단이었다. 이를 통해 보건대 영국은 처음부터 이 지역을 분리된 곳으로 인식했다. 즉 많은 영국인들은 이 지역의 민족, 종교, 사회, 지리적 특성 등을 묘사하고 서술하는 정도에만 만족하고 있었다.

동남아에 대해 글을 쓴 영국인들은 대체로 직업적 전문가는 아니었다. 그러나 이들이 스스로 경험한 것에 대해 쓴 글은 이 지역에 대한 전문적인 지식을 제공하였다. 빅터 킹(Victor King)의 「(유럽과) 영국에서 동남아시아 연구의 발달: 지역 만들기」[6]에 따르면 영국에서 동남아 연구자 수가 폭발적으로 증가하기 전부터 동남아에 대한 상기 종류의 출판물이 등장하였다. 사실 영국 학자들은 국가의 외교적 요구에 따라 연구를 진행했다. 그러나 영국에서 동남아 연구는 더디게 발전했다. 당시 영국은 동남아를 지배하고 있었고 이 지역에 상업적인 이해관계를 갖고 있었지만 영국에는 '영국 아시아 센터(British Asia Center)'와 같은 연구소가 존재하지 않았다.[7] 따라서 체계적이고 짜임새 있는 동남아 연구 프로그램을 개발하고자 하는 시도가 있었음에도 불구하고, 제2차 세계대전 이전까지는 이런 시도는 성공을 거두지 못했다. 몇몇 예를 들자면,

1917년 런던 동양아프리카대학(School of Oriental and African Studies, SOAS)에 말레이 전공 교수직(readership), 버마 전공 교수직(lecture-ship)이 신설되었다. 그럼에도 불구하고 이 직위는 동남아 다른 지역에 대한 더 체계적인 연구 프로그램의 확대로 이어지지 않았다. 게다가 현재 동남아로 불리고 있는 이 지역에 대한 동양아프리카대학의 연구는 자금조달 및 학생들의 흥미 유발과 같은 문제로 인해 어려움에 직면하였다.[8] 1932년 동양아프리카대학은 특정 지역의 언어와 문화를 연구하는 학과를 여섯 개로 조직하였는데, 그중 하나가 오스트로네시아인과 말레이-인도네시아인의 집단이주를 포함하는 '동남아시아와 도서부(South East Asia and the Islands)'였다. 그러나 이 프로그램은 1936년에 폐지되었다.[9]

1947년 스카브로 보고서(Scarbrough Report)의 출판은 영국에서 아시아 연구 성장을 위한 '중대한 분수령'이 되었다. 정치적 역동성이 근본적으로 크게 변화하자 동남아 연구가 번창하게 된 것이다. 지역 전문가들은 동남아 연구 발전의 전조가 된 스카브로 보고서에 대한 향수를 품고 있을 수도 있다. 예를 들면 홀(D. G. E. Hall)은 1949년 동양아프리카대학에 신설된 동남아시아 역사 전공 주임교수(Chair in South-East Asian history)에 취임했다. 동시에 현지어 교육의 깊이와 폭에서도 진전이 이루어졌다.[10] 더 중요한 점은 이러한 발전에 뒤이어 영국에서 동남아에 대한 학문적 탐구가 지속적으로 이어졌다는 것이다. 그리하여 동남아 연구는 한 세대가 지나 정점에 도달하게 된다.[11] 즉 영국이 동남아에서 물러나고 있을 때 오히려 영국에서는 동남아 지역 연구를 위한 자원이 증가하고 있었다.

동남아사령부의 설치 이후 거의 한 세대가 지나 영국에서 동남아 연구의 '황금기'가 시작된 시점에 이르러[12] 존 스마일(John Smail)은 유명한 논문에서 동남아의 '자율적 역사' 서술의 가능성에 대해 깊이 숙고하였다. 스마일의 논문은 식민주의적 범주의 우세와 지속이라고 여겨졌던 것으로부터 해방되고 싶어 하는 학자들의 필요를 반영했다.[13] 이 학자들은 서구적인, 다른 말로 맹목적으로 식민주의적인 지식에 의존하지 않고 동남아 역사를 서술하려는 시도에 내재된 도전에 세심한 주의를 기울였다. 식민시대에 생산된 지식에 의해 동남아의 역사가 이미 모양을 갖추었을 가능성, 혹은 가상적으로 사전에 제작되었을 가능성에 맞서 이 새로운 시도가 시작되었고, 이 새로운 논쟁적인 패러다임의 온전한 결과로서 동남아에 대한 연구의 활성화가 이루어졌다.

그러나 이 글은 대안적인 가정을 제시하고자 한다. 비록 동남아에 관한 영국인들의 글이 한결같은 유산의 영향을 받았지만 영국인들은 서서히 이 지역을 독특하고 분명한 하나의 독립체로 인식하기 시작했다는 것이 이 글의 가정이다. 영국이 동남아에 관한 많은 지식을 생산했다는 사실에도 불구하고, 이 글은 영국인들이 이 지역을 떠날 시점이 가까워졌을 때, 즉 냉전이 전개되면서 제국의 유효성이 사라졌을 때 이 지역을 '발견'했을 가능성을 검토할 것이다. 포스트식민주의 비평에 따르면 서술, 분류, 정의를 통한 지식 생산은 권력이라는 현실을 반영하며, 더 나아가 지식의 생산은 권력의 표식으로서 식민 권위의 강화에 이용되었다. 그러나 적어도 일부 식민 지배자들은 한계를 명확히 인식하면서 동남아 현지 사회 및 지리에 대한 정보를 생산하고 조직했다는 점을 이 글에서 보여줄 것이다. 사실 이 정보의 생산 및 조직은 경쟁관계에 있던 다른 제국주의 국가가 행사하는 강도 높은 압력에서 비롯된 것이기도 하다. 상기했듯이 영국은 동남아에 대한 정보를 생산하기 위한 좋은 조건을 갖추지 않았고, 지속적인 연구도 하지 않았기 때문에 영국의 동남아 연구는 단편적이다. 이러한 가정을 더욱 확장시켜보면, 동남아에 대한 영국인의 글은 생각보다 훨씬 덜 체계적이다. 이런 한계 때문에 영국인들은 엄청난 노력을 기울인 후에야 비로소 몇몇 중요한 성과를 내었다. 그러나 앞으로 살펴볼 바와 같이, 영국이 뒤늦게야 이 지역에 대한 정의를 내렸다고는 하나, 영국은 이 지역에 대한 중요한 정보를 꾸준히 생산했던 나라이다. 즉 식민시대 영국인들이 동남아시아에 대해 품었던 사고방식은 여전히 그 흔적을 남기고 있다.

앨프리드 러셀 월리스

이 글은 19세기 후반부에 작성된 영국인들의 글을 대상으로 삼아 분석하면서 대표적인 담론에 주목하고자 한다. 특히 '여행기(travel writing)'라는 범주로 묶일 수 있는 선교사, 군인, 학자, 관료들의 담론에 대한 분석을 통해 우리는 다음과 같은 사실을 발견할 수 있다. 비록 현재 동남아라 일컬어지는 공간을 하나의 지역(region)으로 정의 내리는 작업의 중요성을 영국인들이 인식하지 못하였다 하더라도, 수많은 핵심 개념 · 화제 · 비유적 표현 등을 통해 볼 때 영국인들은 분명 이 문제를 고려하고 있었다. 이 글은 주로 앨프리드 러셀 월리스(Alfred Russel Wallace), 스콧 오코너(V. C. Scott O'Connor), 이사벨라 버드(Isabella Bird)와 같은 인물들을 활용할 것이다. 왜냐하면 이들을 통해 동남아의 다른 여러 장소를 이해하고자 한 시도를 한군데로 모아 검토할 수 있기 때문이다. 예를 들어 월리스는 네덜란드령 동인도제도를 다룬 『말레이 군도(*The Malay Archipelago*)』(1869)[14]를 저술했고, 버드는 『황금빛 반도(*The Golden Chersonese*)』(1883)[15]에서 말레이반도를 다루었다. 오코너는 『비단결의 동양(*The Silken East*)』(1905)과 『만달레이 그리고 버

이사벨라 버드

마의 다른 여러 고도(*Mandalay and other Cities of the Past in Burma*)』(1907)[16]에서 버마에 대한 깊은 애정을 드러냈다. 이 작품들이 종합적인 것은 아니지만 이를 통해 영국인들이 이 다양한 장소들을 어떻게 보았는지에 대한 단서를 발견할 수 있다. 버마는 명백히 인도의 일부였던 반면 말라야와 싱가포르는 그렇지 않았다. 이 작가들은 분명 각자의 특정한 입장과 필요에 따라 글을 썼음에도 불구하고 수많은 관점을 공유하고 있다.

이 주제들을 함께 묶어서 보면 다음의 사실이 드러난다. 비록 영국인들이 묘사하기, 이름짓기, 분류하기를 통해 이 지역에 대한 정의를 제공한 것은 아니지만, 영국인들은 생각보다 오래 지속된 하나의 담론 양식을 만들어냈다. 사실 '식민주의적 지식'의 평가절하에도 불구하고 상기 작가들이 내놓은 수많은 쟁점들은 식민 상태가 끝난 뒤에도 살아남았다. 또한 이 쟁점들은 궁극적으로는 동남아가 하나의 지역으로 부상하는 토대를 제공하는 데 일조했다. 이 담론의 특징은 수많은 주제나 비유적 표현을 통해 파악되는데, 이 주제를 통해 동남아에 대한 영국적인 사고방식을 규정할 수 있다. 비록 상기 작가들이 각기 다른 이유로, 각기 다른 곳을 여행했다 하더라도 이들의 관심을 끈 공통의 주제들이 분명히 존재한다. 오늘날 동남아시아로 불리는 지역을 영국인들이 어떻게 이해했는지를 재구성하는 데 이러한 공통의 주제들이 몇몇 단서를 제공할 것이다.

이 공통된 주제로 들 수 있는 것은 먼저 근대성과 민족(ethnicity)이다. 특정 장소에 대해 글을 쓸 때, 영국인들은 종종 근대성 문제를 염두에 두면서 글을 썼다. 때때로 근대성은 '전통'에 앞서거나 맞서는 위치에 놓였다. 어찌 되었든 근대성은 항상 동남아의 특수한 현상을 서구와 비교하는 틀을 의미했다. 근대성이라는 개념과 더불어 민족은 매우 즐겨 사용되는 주제였다. 더 직접적이지만 불충분하게 '인종'처럼 활용되기도 하는 민족이라는 개념의 사용은 현지의 생활방식과 서구식 생활방식의 비교를 내포한다. 이것뿐만 아니라 이 개념의 사용은 이 지역의 다양한 인간집단들(people)이 다른 집단과 어떻게 만났고 대결했는지에 대한 평가를 함축한다. 근대성과 민족이라는 두 주제는 '야만인(savages)'에 대한 논의에서 특히 부정적으로 결합한다. 이 주제들은 지식의 분류 및 종교적 고려로부터 영향을 받았다. 또한 과학적 자연주의도 영국인들이 이 지역에 관한 담론을 형성하는 데 일조했다. 버마, 말라야, 말레이군도와 같은 장소에서 본 것들을 이해하고 전시하려는 욕구는 호기심을 자극하였고 분류하기 및 등급매기기를 부추겼다. 이로 인해 이 지역의 많은 장소에 서식하고 있는 동식물뿐 아니라 인간집단들, 이들의 관습과 역사까지도 백과사전식으로 분류하거나 혹은 총체적으로 이해하려는 필요가 촉진되었던 것 같다.

근대성과 민족 외에 공통된 주제를 두 가지 더 들 수 있다. 먼저, 상업적 기회라는 주제이다. 예를 들어 영국의 여행 작가들은 이국적인 것뿐만 아니라 실용적인 것에 대해서도 반드시 글을 썼다. 앞으로 살펴보겠지만, 어떤 이들은 상업 개척에 대해 기록하기도 했고 어떤 이들은 자신의 이익을 위해서 사업 관행을 파악하는 데 관심을 기울였다. 또한 상업에 대한 열광은 새로운 유형의 작가(관광객)의 대두를 의미했다. 수에즈 운하 개통과 더불어 1869년 이후에는 동남아시아로 떠나는 관광객의 수가 훨씬 더 많아졌다. 물론 이 관광객들은 관찰이나 일을 하기 위해서가 아니라 소비를 하기 위해서 동남아에 갔다. 다음으로, 영국인들은 동남아시아의 여러 장소를 영국제국과의 관계를 통해 이해했다. 영국인이 영국의 지배를 받는 장소에 대해 글을 쓴다면, 이는 영국제국의 통치에 대한 평가를 함축하는 행위이다. 그러나 시암(Siam)이나 네덜란드령 동인도제도 혹은 코친차이나에 대해 글을 쓰는 영국인은 잠재적으로 더 많은 목적을 갖고 있었다. 왜냐하면 이런 장소에 대해 글을 쓰는 것은, 서양인과 아시아의 생활 사이에 존재할 수 있는 관계뿐 아니라 식민 지배자들 사이에 존재하는 관계도 반영할 기회가 되기 때문이다. 영국인, 독일인, 에스파냐인, 프랑스인, 미국인 사이의 차이는 포스트식민 현실에 익숙한 이들에게는 예스럽다거나 사소하다는 인상을 줄 수 있다. 그러나 실제로 이 차이는 영국인들이 이 지역을 이해했던 방식, 그리고 이 지역에서 그들이 수행한 역할을 이해했던 방식과 깊은 관련을 맺고 있다.

## 1. 근대화의 필연성

많은 영국인들은 동남아에서 조우한 사회를 근대성이라는 렌즈를 통해 평가하였다. 그들이 그곳에서 관찰한 장소, 사회 조직 형태, 젠더, 부유함 등은 근대화와 정반대로 간주되었다. 동남아 현지인들이 근대성을 향해 가고 있다고 보든, 아니면 단순히 근대화되지 않았다고 보든, 대부분의 경우 이런 평가는 직감적이고 빈번히 추상적이었다. 사실 영국인들에게 근대성은 일종의 가설로서, 명백히 표현된 것이 아니라는 점을 지적할 필요가 있다. 따라서 식민시대의 작가들은 학문적 엄밀성이 없이 근대성의 맥락에서 이 지역 내부의 것들을 평가했다. 이들에게는 근대성의 면면들이 자명했으나 일부 영국인들에게 있어 근대성은 물질적 생활 조건, 상업적 번영, 공중위생을 의미한 반면, 어떤 영국인들에게는

만달레이에 도착한 영국 군대(1885), 윌러비 월리스 후퍼

사회적 관례 및 전통의 파괴나 해체를 내포했다. 이런 다양한 근대성의 측면 중 일부가 구분, 분석, 심지어 평가의 토대가 되었던 것이다. 그럼에도 불구하고 혁신적인 제국의 지배를 받는 아름답고 이국적인 지역의 경제적 진보라는 전망은 역사, 민족적 경쟁, 사회 개혁에 대한 견해를 통해 근대성이라는 틀 내에서 완성되었다.

동남아의 근대화를 논의할 때 많은 영국인들은 애수에 찬 어조를 택한다. 영국인 작가들은 증가하는 상업, 여행, 교육상의 변화, 의료의 개선 등과 같은 근대성의 명백한 증거에 놀라움을 표시하기도 하였으나, 다른 한편으로는 이 지역 곳곳에 있는 대규모 폐허를 독자들에게 소개하였다. 월리스는 독자를 보로부두르(Borobudur)로 안내하며 그 규모를 설명하려고 노력했다. "자바의 나지막한 산 위에 위치한 사원을 완공하는 데 투입된 노동력, 기술과 비교해 보면 이집트의 대 피라미드는 아무

제2차 세계대전 직후 랑군 도심(1945), 글렌 S. 헨슬리

것도 아니다."[17] 이것이 확인된 것인지 단지 추측인지는 분명하지 않다. 오코너도 『만달레이』에서 근대성이라는 주제를 다룬다. 오코너가 묘사한 대조는 생생하다.

> 랑군에서 창조력은 앞으로 올 날을 향해, 랑군을 기다리는 그 위대한 운명의 신이 주는 암시를 향해 뻗어 있다. 반면 만달레이에서는 총안을 갖춘 성벽과 부스러진 흉벽이 얼마나 더 오래 살아남을지, 황금빛의 기둥과 뾰족한 탑은 생명을 다 한 존재들에게 얼마나 더 오래 이야기를 할지 의아해할 뿐이다.[18]

영국령 버마는 성장과 발전을 가져올 광대하고 전망이 밝은 상업 체제에 속했으나 이는 버마가 과거를 상실했다는 것을 함축하기도 했다.

오코너의 글은 궁극적으로 역사적 보존을 위한 작업이었다. 그는 묘사, 도표, 사진 등을 활용하여 최대한 버마의 과거를 보존하고자 하였다.

또한 근대적 삶의 진전을 통해 영국인들은 서구의 발전과 이 지역의 발전을 비교하였다. 근대성 비교는 영국적 사고와 글쓰기에서 빈번히 반복되는 여러 틀을 만들어냈다. 이 중 가장 명확한 시각에 따라 동남아시아의 여러 장소는 근대 세계의 언저리에 있다고 간주되었다. 예를 들어 오코너가 묘사한 랑군은 매우 근대화되었으나 수많은 전근대적 요소를 간직하고 있었다. 식민시대의 삶은, 근대성의 진전을 불가피하다고 믿는 휘그(Whig)식의 역사 양식을 따랐다. 그러나 모든 영국 사람들이 근대성을 진보의 의미로 받아들인 것은 아니었다. 예를 들면 이집트에 대해서도 주목받는 글을 썼던 탤벗 켈리(Talbot Kelly)는 버마의 삶과 전통이 사라져 가는 것을 안타깝게 생각했다. 한편 근대적 삶의 잠식에 대해 켈리보다 덜 우려했던 이사벨라 버드는 말라야와 싱가포르의 발전을 긍정적이면서도 개연적인 것으로 예측했다.

이와 동시에 영국 작가들은 차별화의 지점을 강조하기 위해 문명이라는 개념에 호소하였다. 또한 영국이 '문명화 소명(civilizing mission)'이라는 계획적인 동기를 갖고 동남아시아 사람 및 사회와 만났다는 증거를 보여주고자 했다. 그러나 자신들의 출신 사회가 겪고 있는 근대 문명의 건전성에 대해 강력하게 문제제기를 하는 영국 작가들의 경우라면 비교는 이따금 의외의 결과를 낳을 수도 있다. 이런 맥락에서 적어도 다음의 예는 언급할 가치가 있다. 첫째, 근대성에 대한 오코너의 시각이 드러난 『비단결의 동양』, 둘째, 버마인들의 삶을 예찬한 해럴드 필딩 홀(Harold Fielding-Hall)의 『사람들의 영혼(*The Soul of a People*)』(1898), 『학교에 있는 사람들(*A People at School*)』(1906), 셋째, 자신의 문명을 불충분한 것으로 결론 내린 월리스의 『말레이군도』가 그 예

월리스, 『말레이군도』

이다.

문명이란 소수가 가진 부, 지식, 문화로 이루어진 것이 아니라는 사실과 우리가 이것들 덕분에 '완벽한 사회적 국가'를 향해 진보하는 것이 아니라는 사실을 우리는 분명히 인정해야 한다. 우리의 대규모 제조업 체제, 우리의 거대한 상업, 우리의 과밀한 도시들은 이전과 비교해 훨씬 더 심각하고 엄청난 곤궁과 범죄를 양산하고 끊임없이 이를 갱신한다. 그들은 평생 동안 몸집을 불리기만 하는 군대처럼 노동에 시달린다. 그들은 바라보기만 하고 누릴 수 없는 쾌락, 안락, 사치와 자신의 현재의 운명을 비교하고는 비참함에 빠진다. 이런 면에서 볼 때, 그들은 부족하게 사는 야만인보다 더 악화된 상황에 놓였다. […] 우리 문명의 이러한 실패를 더 일반적으로 인정할 때 비로소 우리는 상급 야만인과 비교해서 실질적이거나 의미 있는 우월성을 확보할 수 있을 것이다. 호의적인 감수성 및 우리 본성의 도덕적 능력을 더 철저히 훈련하거나 발전시키는 것을 소홀히 한 점, 그리고 입법, 상업, 전체 사회 조직화에서 우리의 영향을 그들에게 더 많이 끼치지 않은 점이 실패의 원인이다. 이것이 바로 내가 문명화되지 않은 사람들을 관찰함으로써 배운 교훈이다.19)

## 2. 근대화와 민족 집단(ethnic groups)의 운명

근대화는 거의 피할 수 없이 일어날 일이라고 추측되었던 만큼 식민 통치와 함께 등장하는 사회 및 시장의 개방에 따라 예견되는 민족 집단 사이의 경쟁이 격렬한 결과를 초래할 것이라고 영국인들은 예측하게 되었다. 민족에 대한 수많은 다른 개념을 통해 동남아에 존재하는 민족적 차이에 대한 영국적 사고와 글쓰기를 규정할 수 있다. 빅토리아시대의 실증주의, 사회적 다윈주의, 도시에서 벌어지는 퇴락에 대한 논의에서 비롯된 견해는 민족에 대한 영국적 글쓰기의 형성에 직접적인 영향을 끼쳤다. 영국인들은 민족적 정체성이라는 개념과 상호 교환할 수 있는 것으로 '인종'이라는 용어를 사용하기도 하였다. 그리고 때로 이런 논의는 인종차별적인 담론으로 변질되었다. 그럼에도 불구하고 민족적 차이에 관한 영국인들의 글은 단정적이지 않은 편이며 다양하다고 볼 수 있다. 무엇보다도 민족 집단과 관련된 영국의 담론을 손쉬운 오리엔탈리즘으로 치환할 수는 없을 것이다. 사실, 관련된 글을 꼼꼼히 검토해 본다면 복합적으로 묶여 있는 여러 개념을 발견할 수 있다. 이 개념 중 많은 것들은 젠더 및 대상에 대한 고찰에 의해 결정적으로 영향을 받았다.

빅토리아시대(19세기)의 지성계는 자유주의, 사회적 비판주의, 다윈주의 등의 개념, 그리고 20세기에 이루어진 동남아의 발전과 관련해 연구가 덜 된 주제인 페이비언 사회주의(Fabian socialism) 및 다른 여러 사고 양식의 발달을 겪었다. 그러나 19세기 지적 사조가 실증주의에 의존 혹은 심취했다는 사실은 쉽게 간과된다. 빅토리아시대의 실증주의는 오귀스트 콩트(August Comte)의 사고 및 삶에 대한 학설과는 구분되어야 한다. 19세기 영국에서 믿음직한 신봉자를 거느렸던 콩트는 궁극적으로 사회 변화의 모형을 제시하는 데 더 많은 관심을 두었다. 반면 빅토리아시대의 실증주의는 세계를 사실에 입각한 것으로, 그리고 인식할 수 있는 것으로 묘사하고 이해할 수 있다고 굳게 믿었다는 점에서 다르다. 이러한 실증주의 덕분에 인간적이고 자연적인 현상의 모든 면에 대한 엄청난 양의 자료와 묘사가 만들어졌다. 『어려운 시절(*Hard Times*)』(1854)에서 찰스 디킨스(Charles Dickens)는 19세기 중반 영국에 만연했던, 사실에 대한 이런 깊은 신념을 풍자하기도 하였다.

실증주의는 영국이 동남아에서 수행한 민족에 대한 연구에도 영향을 끼쳤다. 사실 모든 주류 및 많은 비주류 영국 작가들은 이 지역에 거주하는 많은 인간집단들의 신체적 특징을 깊이 있게 묘사하기 위하여 많은 노력을 기울였다. 엄청난 양의 자료를 복구하는 것이 그 자체로 의미있는 것처럼, 묘사 그 자체가 목적인 경우도 있었다. 그러나 19세기 후반에 사회적 다윈주의가 등장하면서 인종과 민족에 관한 논의는 변모하였다. 묘사만으로는 더 이상 충분하지 않았고, 대신 민족 집단은 영국인들뿐만 아니라 인도인 이주자 및 중국인 이주자들과도 가차없이 비교되었다. 더 중요한 점은, 사회적 다윈주의의 등장이 인종차별적 담론 및 관행의 성장을 정당화했다는 사실이다. 더 비관적인 점은, 또 다른 형태의 사회적 다윈주의인 영국의 도시 문제를 설명하는 데 사용한 어휘가 동남아 지역의 인간집단에게 적용되었다는 사실이다. 이주자와 현지인 사이에 심각한 경쟁이 벌어질 것이라고 영국인들이 예측한 동남아의 일부 지역에서 이 쟁점들은 뚜렷했다. 동남아시아의 몇몇 현지인 사이에서 발생한 상황을 설명하기 위해 영국의 제국주의 작가들은 산업화된 영국의 급속한 도시화와 함께 등장한 사회 문제에 대한 묘사를 활용하였다.

식민지 버마는 이런 유형의 논의에 가장 적합한 예를 제공한다. 오코너와 토 세인 코(Taw Sein Ko)는 버마에 성공적으로 이주한 인도인들에 직면한 버마족에 대해 글을 썼다. 오코너는 『비단결의 동양』에서 '버마족 문제(Burman Question)'를 다룰 필요를 느꼈다. 오코너가 보기에 버마족은 남아시아인들과 벌이는 경제적인 경쟁에 적응하지 못했다. 토 세인 코는 영국인은 아니었지만 제국주의 체제가 만들어낸 인물이라는 점에서 흥미로운 경우를 보여준다. 그는 케임브리지의 크리스트칼리지

빵집, 만달레이 차이나타운(1886), 윌러비 월리스 후퍼

(Christ's College)와 런던의 이너템플(Inner Temple)에서 수학하였다. 토 세인 코는 고고학조사 책임자 자리에 오르기도 하였다. 토 세인 코가 "버마는 완벽한 민족학 박물관이다"라는 주장을 할 때만 해도 이주에 관한 그의 시각은 비관적이지 않았다. 그러나 그는 버마족이 대규모 이주로 야기된 문제에 직면했다는 것을 알아차렸다. 토 세인 코에 따르면, "영국의 지배 하에서 외국인들은 현지 업자들이 누리는 특권을 동등하게 누린다. [⋯] 랑군은 실질적으로 인도인의 도시이며, 만달레이 역시 곧 그렇게 될 것 같다"[20]고 했다. 그렇지만 토 세인 코는, 버마족이 살아남을 것이라고 믿었다. "왜냐하면 버마족은 생식력이 있고 다산하는 인종이며, 자멸을 자행하는 행동을 할 이유가 없기 때문이다. 버마족이 하나의 민족으로 지속될 것임이 거의 확실하다." 또한 토 세인 코의 설명에 따르면, "버마족은 영국의 지배를 받고 있기 때문에 위대한 미래를 맞을 것이다"[21]고 했다. 버마 사례 외에도, 말레이인들이 말라야를 지배

하게 되지는 않을 것이라 예측했던 이들도 있다.

그렇지만 영국인들은 뒤늦게야 중국인들의 동남아 이주가 갖는 중요성 및 정도에 대해서 인식했다. 이사벨라 버드는 중국인들이 동남아에서 주도권을 잡아가고 있다는 사실을 알아챈 작가 중 하나이다. 포스트식민주의 학자들의 관점에 따르면 버드의 『황금빛 반도』는 영국제국에 대한 버드의 애착을 보여준다. 그렇기는 해도 이 작품의 기반이 되는 여행은 결과적으로는 중국인들의 힘과 영향력을 점차 발견하는 과정이었다. 버드는 싱가포르에서 관찰을 시작하였다. 인구 13만 9,000명 중 8만 6,000명이 중국인인 그 공간은 "외국인이 정착한 중국의 도시와 같은 분위기"[22]를 풍겼다. 중국인은 훨씬 활기에 찬 것처럼 보이고, 그런 만큼 "둔하고 나른해 보이는 곳은 싱가포르의 유럽인 구역뿐이다."[23] 버드는 말라카에 가기 위해 무지개(Rainbow)호에 탑승했다. "무지개호는 말라카 해협에서 중국인의 중대한 영향을 보여주는 상징이다. 승무원들의 고용뿐 아니라 승선권 판매 또한 중국인의 몫이었다."[24] 이에 더해, "선실에 탄 승객들은 모두 중국인이었다. 갑판은 한몫 잡으러 페라크(Perak) 광산으로 가는 중국인 쿨리들로 가득 찼다."[25] 말라카에 도착하자마자 버드는 이 유명한 장소가 "모든 면에서 중국인의 도시"[26]라는 것을 발견하였다. 또한 버드는 중국인들과 말레이인들의 공존에 대해서도 다음과 같이 언급했다. 말레이인들은 "정글에서 멍하니 세월을 보냈으나 중국인들은 [⋯] 정말이지 지배에 능한 사람들이다."[27] 또한 숭아이 우중(Sungei Ujong)에서 버드는 사실상 다음과 같이 시인했다.

> 이 국가에 좋은 도로가 대거 건설되었고 중국인들은 사륜 경마차, 마차, 짐마차를 만들고 있다. 많은 부유한 중국인들은 마차를 갖고 있으며 마차를 끌 조랑말을 수마트라에서 수입한다. 영국인들이 중국인

말레이시아 숭아이 우중 마을의 주요 교차로(2009), 아디푸트

> 에게 경쟁심을 느낄 정도로 중국인들은 훌륭한 이주자이다. 중국인들은 영국인들과 마찬가지로 열정을 가지고 있고 더 근면하고 성실했다. 또한 중국인은 언제나 침착하며, 형벌이나 극렬한 열대의 열기를 견딜 수 있어서 영국인들이 고전을 면치 못하는 곳에서도 돈을 벌고 모았다.[28)]

그러나 중국인에 대한 버드의 경외감은 범죄조직의 폭력 때문에 반감되기도 했다. 버드에 따르면 대량 이주는 "엄청난 위험"[29)]을 의미하기도 하는데, 왜냐하면 중국인들은 쉽게 복종하는 성격을 갖고 있기 때문이다.

'중국 대장(Captains China)'이라고 알려진 어떤 우두머리들은 자신

들에게 긍정적인 영향을 끼치는 한에서만 질서를 유지하고자 애썼다. 영국의 비호 아래 자신들의 자산이 안전하게 보호되고 있는 것에 대한 보답으로 이들은 그 국가와 관련된 모든 것을 총독 대리(Resident)와 함께 성의껏 일하였다. 이 '대장들'이 어떻게 선출되고, 이들이 어떻게 자신의 권위를 행사하는지는 이민자 대다수가 중국인이라는 사실만큼이나 불가사의하다.[30)]

반면 많은 영국인 작가들은 이 지역에 특색과 다양성을 부여하는 생동감 있는 현상, 혹은 국제적인 현상의 하나로서 중국인을 묘사하는 정도에 만족했다. 영국인들은 중국인들이 동남아에 온 시기가 유럽 식민 지배자들이 온 시기와 대략 비슷하다는 점을 간과하는 경향이 있다. 이는 인도인에 대한 서술에서도 마찬가지다. 하지만 오코너의 『비단결의 동양』은 명백한 예외인데, 왜냐하면 오코너는 버마에서 발견한 아름다움을 붙잡기 위해 애수 어린 노력을 하면서 점점 증가하는 인도인들을 악마처럼 그렸기 때문이다. 오코너는 그가 사랑하고 동질감을 가지고 있던 땅에 인도인들이 들어와서 그곳을 파괴하기 때문에, 본질적으로 인도인들을 '타자'로 보았다. 버드의 경우, 새로 유입된 이민자들과 경쟁을 해야 한다는 점에서 말레이족은 버마족과 어느 정도 비슷했다. 말레이의 경우 주된 경쟁자는 중국인들이었다. 버드는 말레이인에게는 극복해야 할 여러 가지 심각한 문제가 있다고 판단했는데, 이 중에는 말레이인들의 종교가 포함된다. 버드는 이슬람을 말레이 근대화 발전의 강력한 장애물로 보았다.

이슬람교는 국가적(national) 진보와 항상 대립한다. 개인을 한 나라의 애국적 시민 혹은 한 국민의 일원으로 보는 대신 순수한 신정체제의 구성원으로 간주하는 이슬람교는 국민적 삶을 응고시키고 경직시키는 것 같다. 이런 국가에서 법, 정부, 사회적 관습 등 모든 것은 종교와 분리되어 존재할 수 없다. 사실상 이 분야들이 종교를 양성했다. 이상한 일이지만 아라비아에서 온 개종한 족속, 아라비아와 페르시아에서 온 부분적으로나마 문명화된 그 족속은 영구적인 것은 어떤 것도 만들려고 하지 않았다. […] 그들은 대규모 전쟁, 심각한 역병, 마실 것으로 인한 참혹한 피해 등을 겪었으나 멸망하지 않았고, 몇몇 족속들과 다르게 유럽인들과의 접촉을 통해 불가사의하게 소멸하지도 않았다. 그러나 쇠퇴 과정이 여러 세대에 걸쳐 진행되고 있는 것은 확실하다.[31]

게다가 "이슬람교의 통상적인 부속물"[32]인 일부다처제와 노예제는 부분적으로나마 말레이 국가들의 몰락을 야기한 원인으로 지탄받았다. 버드는 이곳이야말로 단연코 '암흑의 반도(the dark peninsula)'라고 주장하였다. 따라서 선교활동은 더 이상 말레이인들을 겨냥하지 않고 중국인들을 대상으로 널리 이루어지고 있다고 버드는 언급한다.

한편 인구가 적은 여러 민족 집단에 대한 연구를 통해 근대화가 이들에게는 전혀 와 닿지 않았다는 결론을 내릴 수 있다. 말레이군도에 대한 월리스의 백과사전식 묘사에 따르면 많은 촌락은 중요한 사회적 교제로부터 배제되어 있었다. 월리스의 민족지적(民族誌的) 논의는 셀 수 없이 많지만, 그의 입장이 얼마나 단호했는지를 드러내는 예는 다음으로 충분하다. 마르타벨로(Martabello) 섬을 방문한 월리스는 다음과 같은 글을 남겼다.

여러 마을이 높고 험한 산호 언덕 위에 있다. 입을 크게 벌린 협곡 위에 걸쳐 있는 사다리와 다리를 건너 가파르고 좁은 길을 거쳐야만 그곳에 도달할 수 있다. 사람들은 썩은 껍질과 폐기름을 뒤집어써 지저분했고 오두막은 침침하고 기름때로 찌들어 엄청나게 더러웠다. 아주 비참하게 살아가는 그 사람들은 단벌 누더기를 걸친 비참하고 추하고 더러운 야만인이었다. 깨끗한 물은 해변에서 가져와야 했기 때문에 씻는 것은 상상도 못할 일이었다. 그러나 사실 그들은 부유했으며, 생활필수품과 사치품을 구입할 수단을 보유했다. 가금류가 많았으며, 내가 그 마을에 갈 때마다 사람들은 내게 가금류의 알을 주었다. 그러나 사람들은 가금류나 알을 절대 먹지 않았고 그것을 애완동물 혹은 상품으로만 취급했다. […] 각 마을의 우두머리들은 비단 의복을 입고 공단 꽃장식을 하고 나를 만나러 왔다. 이들의 집이나 하루 벌이는 다른 사람들과 비교해 나을 게 없었지만 말이다. 깨끗하고 맑은 물가에 살며, 사람이나 집도 깔끔하고, 건강에 좋은 식량을 풍족하게 보유하고, 건강한 피부와 아름다운 모습을 과시하는 다른 야만인들, 예를 들어 보르네오 다약산(Hill Dyaks) 최고 부족들이나 남아메리카의 우아우페스(Uaupes) 원주민들과 비교하여 이들은 얼마나 대조적인가! 문명화된 민족들 사이에도 차이가 있듯이 미개한 인종들 사이에도 많은 차이점이 있다. 미개한 인종 중 나은 예가 문명화된 부류 중 낮은 예보다 훨씬 우월하다고 결론 내릴 수 있다.[33]

위 묘사는 정체 혹은 사회적 퇴락의 예라고 할 수 있다. 동남아 고산족의 생활을 동시대인들에게 알려주고자 했던 영국인들은 이와 비슷한 분위기로 고산족을 묘사하였으며, 이런 현실은 중요한 몇몇 글에서 다른 방식으로 반영되었다. 버드는 "유럽 문명의 영향을 받지 않은 열대의 원래 삶을 살짝 보는 것은 굉장히 흥미롭다"[34]라고 기록했다. 물론 버드는 이 지역을 여행한 유일한 유럽인도 아니고, 영국이나 유럽에서는 볼 수 없는 것을 구경했다는 점에 감동을 받는 사람도 아니었다. 그렇지만 저 멀리에 있는 사회가 근대화의 압도적인 힘에 굴복하기 전에 그 사회를 관찰하고 기록한다는 전망은 많은 사람들이 여행하고, 글을 남기고, 사고하는 주요 동기를 제공하였다.

더 극적인 점은 야만이라는 개념이 거리낌 없이 사용되었다는 것이다. 서구인들과 말레이군도 거주자들 사이에 존재하는 뿌리 깊은 차이점뿐만 아니라 말레이인들과 다른 여러 집단 사이에 존재하는 차이점을 묘사하기 위해서 월리스는 이 개념을 활용했다. 문명이라는 개념의 하위에 놓인 야만은 낭만적이거나 호의적인 방식으로 그려지지 않았다. 미리 말하지만, 야만인이라는 개념은 말레이인과 영국인을 비교하는 데는 그리 많이 사용되지 않았다. 이 개념은 오히려 말레이인과 그 지역의 다른 여러 거주민들을 비교하는 데 더 많이 사용되었다. 주어진 사회 혹은 장소에 속한 많은 인간집단들을 열등한 지위로 강등하면서 식민시대 작가들은 민족 간의 긴장이나 발전에 따른 긴장을 일부 예견한 셈이다. 이 긴장은 20세기 후반부에 동남아시아에서 국민(nations)이 형성되는 데 흔적을 남긴다.

## 3. 이국적인 열대지역의 상업적 발전

빅토리아시대의 과학적 자연주의가 동남아시아에도 등장했다. 월리스의 『말레이군도』는 빅토리아시대에 매우 과소평가된 책이다. 오늘날 월리스는 찰스 다윈과 마찬가지로 자연선택설을 발전시킨 혹은 발견한 과학자로 간주될 만하다. 월리스는 표본 수집을 위해 수많은 여행을 하고 열정을 바쳤으며, 말레이군도의 동식물을 수집한 노력의 결과로 『말레

날아다니는 개구리 그림, 앨프리드 러셀 월리스, 『말레이군도』

이군도』를 내놓았다. 월리스는 8년 동안 말레이군도를 가로지르며, 12만 5,660개의 식물 및 동물 표본을 수집하였다. 추후 월리스가 기록했듯이 『말레이군도』는 그의 경험의 결과이다. 사실상 그의 비범한 작업과 수사는 더 넓고 광범위한 문화적 경험을 반영하고 있다. 수집은 아직도 미완의 주제이지만, 이 덕분에 스탬퍼드 래플스(Stamford Raffles)나 다른 이들은 가능한 한 동남아의 많은 것들을 관찰하고 운반했다. 월리스, 오코너, 버드 및 다른 이들의 글은 모두 영국인들이 그 지역의 풍경, 동물, 식물에 매료되었음을 증언한다. 예를 들어 『버마 묘사(*Burma Painted and Described*)』(1905)에서 탤벗 켈리는 끊임없이 버마를 '그림 같은' 곳으로 묘사하였다. 이 개념은 여행 내내 이를 활용했던 월리스나 버드와 같은 작가들에게 유용하게 쓰였다.

또한 이런 글을 통해서 영국인들의 다른 관심, 즉 이들이 열대 환경에서 살아가면서 겪는 고유한 어려움에 대해서도 알 수 있다. 이 어려움은 열병·모기·계절풍 등의 경험, 여행할 수 없는 상황, 극도의 더위 등과 같이 수많은 방식으로 명확히 표현되었다. 더 중요하게는, 열대의 조건이 너무나 힘들기 때문에 식민시대 작가들이 보기에 이 조건들은 사회 조직화의 양상에 결정적인 영향을 줄 수밖에 없었다. 산업화의 경험이 영국적 삶의 틀을 잡았듯이 동남아의 환경도 영향을 끼치지 않았을 리가 없다는 것이 이 작가들의 생각이었다.

스탬퍼드 래플스

한편 상업적 기회야말로 식민화와 문화 교류를 궁극적으로 가장 자극하는 요인이었다. 이런 점에서 영국인들이 버마, 말라야, 보르네오와 같은 지역에 대해 가지고 있던 지배적인 이해관계는 월리스의 성취만큼이나 인상적이다. 전망은 너무나 광대했기 때문에 영국 작가들은 이러한 이해관계가 추후(특히 20세기 후반기에) 충돌할 것임을 예상할 수 없었다. 오코너는 버마의 물리적 경관이 변화하고 있다는 것을 알아챘으나, 경제 발전이 버마의 뛰어난 풍경을 파괴할 정도라고는 인식하지 못했다. 영국 투자가들에게 버마는 동남아의 상업적 장점을 대표하는 장소가 아니었기 때문이다. 그러나 19세기 동안에 동남아는 사업적으로 훨씬 더 중요해졌다.

## 4. 진보적인 제국

동남아에 관한 영국인의 글에는 여러 제국 및 이 제국들의 국제적 지위에 대한 정서가 반영되어 있다. 칼코훈은 제3차 영국-버마 전쟁 전에 집필한 『영국의 극동 정책(*English Policy in the Far East*)』(1885)에서 다른 경쟁 제국들의 성취와 잠재력에 관심을 보이며, 나아가 '극동'에서 영국의 영향이 지속될 것인가에 대해 우려한다. 칼코훈에 따르면 "대영제국이 네덜란드제국, 포르투갈제국, 스페인제국, 프랑스제국의 예를 따르게 될 것인지", 그리고 "제국의 소유지를 상실하게 될 것인지"는 지켜볼 필요가 있다. 칼코훈은 영국이 무심하게 식민 정책을 결정한다고 보았기 때문에 크게 우려하였다.

> 이미 버마는 영국에 대항해 음모를 꾸미고 있거나, 좌우간에 우리에 대해 적대적인 태도를 가지고 있다. […] 시암은 영국으로부터 등을 돌려 국경을 접한 열강 프랑스의 편이 되었다. 일본은 러시아에 대한 공포 때문에 프랑스의 영향력 아래로 들어가고 있다. 중국은 수많은 공통의 영구적인 이해관계를 공유하는 나라로서, 우리를 신뢰하는 경향이 있기는 하지만 의존할 수 없는 우리 정부를 믿으려 하지 않는다. […] 이러한 인상은 곳곳에서 퍼지고 자라서, 독일 문건을 인용하자면 영국은 "네덜란드화"되고 있다.[35]

칼코훈의 우려는 이례적인 것일 수도 있다. 그러나 영국제국의 태생적인 선함과 우월함에 대한 가정은 이례적이지 않다. 대다수의 영국인들은 영국제국이 가진 소명의 신성함을 신봉하였다. 왜냐하면 영국인들은 영국제국의 정책이 태생적으로 진보적이라고 보았기 때문이다. 그러나 강제재배제도(Cultivation System)에 대해 호의적으로 서술한 월리스를 제외하면 영국인들은 유럽의 식민사업, 그리고 이후에는 일본이나 미국의 식민사업을 무조건 지지하지는 않았다. 버드는 인도차이나를 방문한 후 동남아의 유럽 식민주의에 대해 부정적인 시각을 갖게 되었다. 그는 "프랑스 식민지를 동경"[36]하지 않는다고 썼으며 더욱 비관적으로는, 백인 부모에게서 난 대부분의 아이들이 태어나자마자 죽기 때문에 "유럽인들은 새로운 환경에 정착할 수 없다"라고 주장하였다.[37] 대신, 이 작가들이 보기에 영국제국은 개선을 이끌 힘을 보유했으며 안정을 위한 보증인이었다.

제국에 대한 신봉은 수많은 형태로 드러나는데, 어떤 이들은 영국이 이 지역에 주재하는 것을 긍정적인 요소로 보면서, 영국의 주재에 초점을 맞추고 싶어 했다. 기존 사회 문제를 인정하면서, 혹은 버마와 말라야의 경우에는 근래의 사건을 논하면서 영국 통치의 내재적 선함이 거론되었다. 또한 영국제국의 부정행위는 예외적인 것으로 여겨졌다. 영국인들이 자신들의 통치를 진보적이라고 믿었던 방식을 확인하기 위해, 이들이 노예제나 일부다처제와 같은 사회 조직의 토착적 형태를 어떻게 이해했는지 탐구할 필요가 있다.

말라야의 노예제도를 비판하면서 버드는 넓게 보아 영국적 식민주의 글쓰기 방식을 보여준다. 눈에 띄는 예를 들자면, 래플스는 싱가포르를 건설할 때 노예제 문제에 개입하여 이 관행을 금지하였다. 더 넓게 보면 노예제와 영국제국이라는 쟁점은 널리 유포된 상태였다. 영국제국의 노예제 폐지는 노예제도가 여전히 성행했던 19세기에 세계 곳곳에서 논쟁을 불러일으켰다. 미국 남북전쟁에서 남부가 패배한 이후에도 영국인들은 노예제가 여전히 널리 퍼져 있다는 사실에 충격을 받았고 경악을 금치 못했다. 특히 데이비드 리빙스턴(David Livingstone)은 아프리카 노예무역에 대해 비판했고, '중국인'이라는 별명으로 불린 고든(General 'Chinese' Gordon) 장군은 동아프리카 노예무역을 막고자 아프리카로 가기도 했다. 이사벨라 버드가 말라야에서 노예제와 조우한 예는 교육적이다. 버드는 잔존하고 있던 '채무 노예제'의 참상을 묘사하였다. 또한 식민지 장관을 역임한 프랭크 스웨튼햄(Frank Swettenham)은 버드에 앞서 이 문제에 대해 깊이 탐구하였다. 그는 채무 노예제가 특히 페라크에서 심각하다고 기록했다.

> 외국에 살고 있는 말레이인들은 페라크에서 채무자에게 가해지는 가혹행위를 비판한다. 어떤 주인들은 수하의 소녀들에게 음식이나 옷을 주지 않는다. 이 주인들은 그 여자들이 할 수 있는 일, 예를 들어 매춘과 같은 일을 통해 생활에 필요한 것들을 구하라고 말한다. 채무자들의 노동력은 채권자의 재산과 다름없다. 이 경우 매춘은 선택이 아니라 필수다.[38]

당연히 버드는 페라크에서 노예제 하의 삶을 처절한 것으로 묘사했으나 낙관적인 시각을 견지했다. "영국이 페라크에 영향력을 행사한 이래 가혹행위는 훨씬 감소했다. 나는 예속된 모든 사람의 해방 계획이 머지않아 완성되리라 생각한다."[39] 버드의 확신은 영국이 이 반도의 여러 지역에서 노예제를 폐지했다는 사실에 근거했다. 다른 말로 하자면, 진보적인 영국 법률은 노예제 폐지의 열쇠로 간주되었다. 그렇지만 버드는 『쿨리(*Coolie*)』(1936)를 쓴 네덜란드 소설가 루로프스(Madelon Lulofs)와는 대조적으로 노예제 이외의 것을 비판하지는 않았다. 버드는 중국인 쿨리나 인도인 쿨리의 처지 및 지위에 대해서는 상대적으로 침묵하였다. 그가 보기에 이들의 상황은 어느 정도 받아들일 만한 것이었다.

한편 영국 통치의 내재적 선함을 믿는 버드는 말레이인들의 잠재적인 적대감과 식민 통치의 화해를 기대했다. 그러나 그는 이슬람을 묘사할 때는 직설적이었다.

> 모스크 하나 보유하지 못할 정도로 작은 촌락(Kampong)은 거의 없다. 말레이인들은 편협하며 대체로 무지하고 광신적인 무함마드교도들(Mohammedans)이다. 확신컨대 그들이 가장 존경하는 영국인조차도 그들에게는 '불신자의 개'보다 약간 나은 정도이다. 모스크의 이맘(Imaum)의 조언을 참고해 판단한 경우를 제외하고는 이들은 코란 율법에 실제적인 지배를 받는다. 영국 통치하에서 법이 집행되는 방식, 그리고 개인이나 재산과 관련하여 이들이 누리는 치안을 이들은 높이 평가한다. 이 덕분에 말레이인들은 위험 없이 재산을 모을 수 있고, 말라카의 거리에서조차 두려움이나 약탈 없이 값비싼 보석을 걸치게 되었다. 그러나 이것이 말레이인들이 우리를 좋아한다는 의미는 전혀 아니다. 왜냐하면 나는 어두운 색의 피부를 가진 동양인들과 우리들 사이의 협약은 예상보다 더 피상적일 가능성이 있다고 생각하기 때문이다. 토착군주에 의해 약탈당하는 것보다는 우리의 통치가 보장하는 안전 덕분에 그들은 우리에게 징세되는 것을 선호할 수도 있다. 그러나 우리는 그들을 이해하지 못하며, 그들은 우리를 이해하지 못한다. 또한 그들이 무함마드교도로 돌변하는 곳에는, 편의시설을 통해 우리의 통치와 거의 연결되지 않은 자들에게서 오는 경멸과 증오의 심연이 놓여있다.[40)]

식민지 행정가들은 그들의 신민을 진정으로 이해할 수 없었음에도 불구하고, 진보적인 영국의 통치하에서 이루어지는 근대화라는 전망 덕분에 '암흑의 반도'가 더 효과적으로 통치될 수 있다는 믿음을 가질 수 있었다.

버마에서는 노예제가 덜 심각한 쟁점이었다. 그럼에도 불구하고 오코너는 노예제가 유지되고 있는 관행을 비판하였다. 『만달레이』에서 오코너는 바간에 있는 '파고다 노예'(불탑 관련 노역에만 종사하는 노예로, 해방이나 신분상승이 불가능한 낮은 카스트의 일종)의 처지를 다뤘다. 또한 오코너는 주변부 노동자들의 처지에 관해 버드보다 더 세심한 태도를 취했다. 버마를 근대화하고 있던 세력에 대한 오코너의 양면적 판단에도 불구하고, 그 역시 영국제국을 진보적인 세력으로 간주하였다.

## 5. 맺음말: 동남아시아 이해하기

앞서 언급한 주제들이 이 이름 없는 지역에 대한 영국의 담론을 모두 다루는 것은 아니다. 영국인이 쓴 글은 무수히 많은 쟁점과 소재를 취급했으며, 이와 필연적으로 관련된 관심사는 이 글에서 거론된 것 이상일 것이다. 그러나 상기 주제들이 널리 보급됨으로써 그에 따른 결과가 초래되었을 가능성을 이 글에서는 염두에 두고 있다. 왜냐하면 이 주제들이 가진 압도적인 특성은 이 지역에 대한 영국의 인식에 제약을 가할 수 있기 때문이다. 하나만 예를 들자면, 영국인들은 싱가포르, 말라카, 방콕, 랑군 등과 같은 장소의 국제성에 감탄을 금치 못했다. 그러나 그들은 이 특정 도시들만 지켜본 탓에 이 지역이 유럽과 동아시아의 교차로, 혹은 인도와 중국의 교차로라는 사실을 거의 알아채지 못했다. 이 논의를 약간 바꿔보면, 한 폭의 그림 같은 국제성이 가진 수많은 면은 '세계화'에 대한 오늘날의 논의를 둘러싼 서사 및 어휘와 명백히 일맥상통하는 양상을 보인다. 그렇지만 다른 제국들의 차이 및 의도를 우려하는 이들에게는 이 양상이 그리 명백하게 보이지 않았을 것이다. 영국인들은 자신들이 관찰한 장소와 사람들을 묘사하는 데 열중했지만, 자신들의 입장을 전달하려는 열정이 넘친 나머지 스스로가 훨씬 광범위한 지구적 과정, 즉 여러 세기에 걸쳐 구축되다가 19세기에 마침내 정점에 달한 그 과정에 속해 있다는 생각을 거의 하지 못했다.

휴 클리퍼드(Hugh Clifford)의 『확장된 인도(*Farther India*)』(1904)를 보면 19~20세기 전환기에도 영국인들이 동남아시아라는 명칭을 사용하지 않았다는 것을 알 수 있다. 20세기가 시작할 즈음 영국은 버마와 대부분의 말라야 지역에서 안정적인 지배를 확립했다. 싱가포르와 랑군은 떠오르는 도시였고 북부 보르네오와 사라와크에서 영국의 영향력과 힘은 증대되고 있었다. 게다가 네덜란드가 동인도에서 누리는 헤게모니를 오랫동안 호의적으로 받아들였던 영국의 정책결정자들은 프랑스의 영향력이 태국에 미치는 것을 우려하여 태국을 프랑스령 인도차이나에 맞선 완충지로 설정하였다. 다른 말로 하자면, 클리퍼드가 책을 출판한 시기에 영국은 이 지역에 안정적으로 자리를 잡았고, 이론의 여지는 있겠지만 이 지역 및 현지인들을 잘 이해하고 있었다.

영국인들은 외부압력에 의해 동남아시아를 오늘날과 같은 방식으로 규정하게 되었지만 그 전에는 이 지역을 다른 방식으로 이해했다. 동남아시아는 매우 다양한 민족, 풍경, 언어, 종교, 사회조직 형태라는 특징을 가진 열대의 장소였다. 점차 영국 정책결정자들은 이 장소를 전략적 공간이자 가치 있는 천연자원이 풍부한 곳으로 인식하였다. 또한 동남아는 대체로 식민화되었고, 추후 크게 혁신된 미래를 기대할 수 있는 곳으로 여겨졌다. 그러나 동남아에서 진보는 반드시 독립을 의미하기보다는 물질적, 사회적, 경제적 근대화를 의미했다. 영국인들은 동남아가 크지는 않아도 꾸준한 변화를 겪는 지역이라는 것을 알았지만, 일부 변화에는 더 세심한 반응을 보였어야 했다.

이 지역에 관한 영국적 시각은 여러 가지로 영향을 끼쳤다. 경제 재조직, 사회 발전, 개종, 사회 변화 등은 모두 영국 식민주의를 동반하여 이루어졌다. 가장 큰 유산은 아마도 광범위한 영어 사용과 국민국가의 발전일 것이다. 동남아인들은 교육제도, 공무, 외국인 참여, 무역 상대국, 다민족 인구 등에서 수많은 영국 식민 통치의 유산을 발견할 수 있다. 앞에서 살펴본 바와 같이 영국인들은 산업주의와 자유주의 사상을 이 지역에 도입하였고 국가 건설의 본성에 대한 수많은 가설을 들여왔다. 물론 이 가설들은 영국 및 서구의 다른 나라에 더 잘 맞는 것으로 동남아에서 항상 효과적으로 작동한 것은 아니다. 예를 하나 들자면, 영국인들은 까친족(Kachin)이 버마의 많은 소수민족 중 하나로서 '버마'에 속한다고 생각했다. 사실 까친족은 식민지 버마에 속했다. 그러나 이는 까친족이 신생 버마국의 일원이 되기에 적합하다는 의미도, 이것을 원한다는 의미도 아니다.

그럼에도 불구하고 영국인들이 생산한 지식에는 긍정적인 효과도 있다는 점을 이 지역 역사가들은 인정할 것이다. 현대 말레이시아와 싱가포르는 여전히 전 세계적으로 가장 성공한 포스트식민 국가이다. 반면 근대적 기반기설, 강력한 교육제도, 풍부한 자원을 보유했던 버마의 경우는 상당히 다르다. 일본의 침입 및 점령이 야기한 영향은 20세기 미얀마가 극복해야 할 어려운 과제를 남겼다. 마지막으로, 동남아시아에 대한 영국의 인식이 남긴 중요한 유산으로 들 수 있는 것은, 다양성으로 인해 동남아가 상이한 국민국가들의 집합으로 이해되기 시작했다는 사실이다. 아세안(ASEAN)은 현저한 중요성을 획득하였지만, 동남아에서 실세는 대체로 외교가에 있는 것이 아니라 동남아시아 사람들의 삶에 직접적으로 영향을 끼치는 사안들에 있다. 영국인들과 마운트배튼은 오래 전에 동남아를 떠났지만, 근대 동남아시아 역사의 장기지속(longue durée)은 식민주의와 함께하는 것이 아니라, 근대 초에 나타나기 시작하여 계속해서 이 지역 사람들의 경험을 구체화하는 다른 변형 요인들 속에 자리 잡고 있다.

# 4. 여행기가 정형화하는 동남아시아: 그때 그리고 지금

글쓴이 _ 마리아 응(Maria N. Ng)

포스트식민주의 비평가이자 여행기 평론가인 저자의 관점에서, 포스트식민주의 이념이라는 것은 여행기를 쓰려는 충동과는 양립이 불가능하다. 왜냐하면 여행기는 이국적인 것을 향한 대중 독자들의 열망을 반드시 채워줘야 하는 반면, 포스트식민주의 비평은 이국화(exoticization)[1] 관행에 저항을 시도하기 때문이다. 또한 여행기는 대개 해당 문화 및 지역의 외부인에 의해 작성되는 반면, 포스트식민주의 비평은 특정 문화의 내부로부터 온 지식에 기초하기 때문이다. 예를 들어 이집트 태생의 에드워드 사이드(Edward Said)는 중동에서 서구 패권을 비판하고, 남아시아 출신 호미 바바(Homi Bhabha)는 식민지 시대가 인도에 미친 영향을 연구한다.

전통적으로 여행기 작가는 제국주의 사업과 관련을 맺은 서구인으로 이들은 정부 관료이거나 여유 있는 중산층, 탐험가, 학자였다. 데이비드 스퍼(David Spurr)의 논의를 인용하자면 이들은 "제국의 수사(the

---

* 번역: 김은영(편자) · 최인정(서강대 정치외교학과 석사과정, 동아연구소 조교). 이 글의 영문제목은 Representing Southeast Asia in Travel Writing: Then and Now이다.

셜리 림,『하얀 달의 얼굴 사이에서』

rhetoric of empire)"를 이루는 사람들이다. 이에 대한 대응담론으로, 일부 비서구 출신 작가들과 학자들은 여행기의 요소를 포함하는 자서전을 내놓는다. 셜리 림(Shirley Lim)의 『하얀 달의 얼굴 사이에서(*Among the White Moon Faces*)』와 저자의 『순례: 식민지 시기의 마카오와 홍콩에 관한 기억(*Pilgrimages*: *Memories of Colonial Macau and Hong Kong*)』은 이 부류의 자서전에 속한다. 이러한 비서구 자서전에서 주목할 점은 서사 절충이라고 할 수 있다. 비서구 작가들은 자신의 고국을 묘사에만 치중하여 정형화(descriptive representation)할 수도 없고, 그렇다고 탈이국화(de-exoticize)하기 위한 (자)의식적인 시도만 되풀이할 수도 없기 때문에, 이 두 태도 사이에서 서사의 절충을 찾는다. 결과적으로 이 서사 절충은 포스트식민주의 텍스트와 여행 서사 사이에 놓인 이념적 긴장을 강조하게 된다.

이 글에서 저자는 다양한 문화적 · 이념적 배경을 가진 작가들을 예로 들 것이다. 이를 통해 식민 지배의 종말 이후에 동남아시아에서 벌어진 사회적 변화 및 정치적 상황에도 불구하고 19세기 말부터 21세기 초반에 걸쳐 등장한 이 작가들의 이국적 여행기가 여전히 시장성이 있는 상품이라는 사실을 알게 될 것이다. 따라서 비록 포스트식민주의 비평과 여행기가 이념적으로는 여전히 양립할 수 없을지라도, 포스트식민주의 비평은 대중이 접근할 수 있는 여행기의 핵심을 분석하는 데 있어 여전히 유용한 도구로 활용될 수 있다.

저자의 첫 번째 책은 19세기 여행기에 대한 포스트식민주의 비평서인 『동남아시아에 대한 세 가지 이국적 시각(*Three Exotic Views of South-*

*east Asia*)』이다. 이 책에서 저자는 피에르 부르디외(Pierre Bourdieu)의 『구별짓기(*Distinction*)』와 『문화적 생산의 공간(*The Field of Cultural Production*)』을 인용하여, 여행가들은 문화적 습관(cultural habits)을 담고 있는 그릇이라고 주장하였다. "아비투스(habitus)의 논리와, 관행에 대한 이 논리의 유연한 분석에 따르면, 우리(서구인과 비서구인)가 타자를 인식하는 방식은 다른 사회의 인종적 혹은 민족적 정체성과 무관하게 우리 자신의 사회적 조건에 의해 좌우된다."2) 문화적 습관은 여행자들을 따라다닌다. 당연한 결과로 이들의 여행 서사는 이들 고국에 팽배한 문화적 편견과 가정을 반영한다. 첫 번째 책에서 저자는, 비서구 출신 포스트식민주의 작가들이 서구의 그릇된 정형화에 대해 쓴 비판적 글 덕분에 여행객들의 태도가 변화될 것이라 순진하게 희망했다.

마리아 응, 『동남아시아에 대한 세 가지 이국적 시각』

그러나 그레이엄 휴건(Graham Huggan)이 지적한 바와 같이 포스트식민주의는 이국성의 정형화를 비평의 대상으로만 간주했다. 휴건의 『포스트식민주의 이국성: 주변부 마케팅(*The Postcolonial Exotic: Marketing the Margin*)』은 자기만족에 빠진 포스트식민주의 학자들의 각성을 촉구하며, 그들이 이념적으로 비판해 마지않는 이분법적 단순화에 그들도 스스로 기여하고 있다는 사실을 지적한다. 포스트식민주의 비평은 폴 보먼(Paul Bowman)이 "유별나게 진부한 예측가능성"이라 명명한 상태에 머물러 있으며 이 글도 예외는 아니다. 이 글도 민족에 따른 정형화(ethnic representations)를 비판한다는 점에서 이 예측가능성으로부터 벗어나지 못했지만, 정형화의 잘못된 관행이 어떻게 글쓰기 관행에 고착되었는지 논하고자 한다. 동남아시아, 중동 혹은 아프리카 등과 관련된 민족적 정형화에 대해 일관되게 지속적으로 비판 검토함으로써 독자들은 이국적인 것에 대한 묘사를 즐기는 행위와 이 묘사의 부적절함을 인지하는 행위 사이에서 쉽지 않은 균형을 잡을 수 있을 것이다.

문화 비평가들은 여행의 문화적 소비라는 맥락에서 현지인과 관광객을 구분한다. 딘 맥커넬(Dean MacCannell)은 『관광객: 여가계급에 관한 새로운 이론(*The Tourist: A New Theory of the Leisure Class*)』에서 다음과 같이 쓰고 있다. "저개발국가는 단지 관광객들을 끌어들이는 것만으로 그들의 문화를 포장도 하지 않은 채 '수출'할 수 있다. 외국인 소비자들은 글감이 될 만한 것을 찾아 여정을 떠난다."[3) 여행가들이 자신의 여행에 대해 글을 쓸 때, 이들은 두 단계의 소비를 거쳐 최종 생산물을 내놓는다. 먼저, 여행자는 이국적 경험의 배경이 되는 물리적 공간을 소비한다. 이는 호텔, 식당, 가이드 투어, 기념품 등과 같이 모든 여행자들이 사용할 수 있는 상품이다. 다음으로, 여행자는 도시나 국가와 같은 표적 지역의 문화적 공간을 소비한다. 이를 통해 여행 책이라는 또 다른 형태의 상품으로 이 공간을 표상하게 된다.[4) 여행을 하는 주체가 관광객이든, 인류학자든, 혹은 단기 방문하는 영화 촬영 인력이든 간에 여행이라는 관행은 정형화의 생산을 함축한다. 이 정형화는 누가 글을 쓰고, 누가 출판하고, 누가 출판물을 소비할 것인가의 문제에 기반을 둔 권력관계의 효율적 사용 내에서 생산된다. 이는 독자들이 나서서 해결할 수 있는 쟁점이 아니다. 독자들을 도와 더 폭넓은 수용을 자극해야 할 책임은 포스트식민주의 비평가들에게 있다.

이 글에서 다루는 네 명의 작가들은 19세기 후반부터 2000년대에 이르기까지 백여 년의 시간대에 걸쳐 있다. 첫째, 『황금빛 반도(*The Golden Chersonese*)』의 저자 이사벨라 버드(Isabella Bird)는 정부, 중상층, 교회의 제도적 지원을 받은 여성작가이다.[5) 둘째, 막스 다우텐다이(Max Dauthendey)는 버드보다는 조금 덜 알려진 독일인으로, 19세기 말에 일어난 미학운동인 유겐트슈틸(Jugendstil)파로 분류되는 작가이다.[6] "유겐트슈틸의 아름다움은 선택적인 관찰에 있다. […] 다우텐다이의 소설과 그의 자전적 글쓰기 어디에서도 다른 사람의 관점은 찾아볼 수가 없다. 그의 글 안에 존재하는 관점이라고는 오직 예술가의 관점, 즉 작가가 보고 싶은 것만을 기록하는 그 관점뿐이다."[7] 셋째, 동남아시아 국가들이 독립한 지 수십 년이 지난 1988년, 피코 아이어(Pico Iyer)는 『카트만두의 비디오 나잇 그리고 그리 멀지 않은 동쪽에서 온 다른 보고문(*Night in Kathmandu and Other Reports from the Not-So-Far-East*)』을 출간하였다. 이 책에서 아이어는 '프로스페로 섬에 관하여(*On Prospero Isle*)'라는 부제로 발리를 다룬다. 또한 그는 『어둠 이후의 태양(*Sun after Dark*)』에서 다시 발리를 언급한다. 마지막으로, 1991년에 개빈 영(Gavin Young)은 『콘래드를 찾아서(*In Search of Conrad*)』를 출판하였다. 책의 제목이 가리키는 바대로 개빈 영은 조지프 콘래드의 장편 및 단편 소설에 등장하는 동남아시아의 여러 장소를 방문한다.

한 세기의 시차에도 불구하고 버드, 다우텐다이, 아이어, 개빈 영의 판단 기준은 토착 문화나 역사가 아니라 서구 문화였다. 식민 시대에 동남아시아는 유럽 열강의 지배를 받는 공간이었으나 영국인, 네덜란드인, 에스파냐인, 프랑스인, 심지어 독일인조차도 모두 동남아를 떠났다. 그럼에도 불구하고 식민 문화는 아직도 동남아시아를 정형화하는 데 주된 역할을 하고 있다. 요하네스 파비안(Johannes Fabian)의 『시간과 타자(*Time and the Other*)』에 따르면 "인류학적 담론 생산자의 현재가 아닌 어떤 특정 시간성에 인류학의 지시 대상을 묶어 두려는 끈질기고도 체계적인 경향" 때문에 담론 생산자와 대상이 동일한 시간성을 누리는 것은 불가능하다. 파비안은 이것을 "동시대성의 부정(denial of coevalness)"이라 명명했다.[8)] 그의 용어를 빌려서 주장하자면, 여행에 대한 글을 쓸 때 여행기 작가는 '이미 작성된 것(the written-about)', 즉 여행 글쓰기의 대상을 문화적 맥락 및 동시대성을 통해 이해하고자 하지 않는다.

## 1. 버드와 다우텐다이

이사벨라 버드, 『황금빛 반도』

이사벨라 버드의 『황금빛 반도』만큼 식민주의적 주관성에 의해 작성된 여행 서사를 찾기도 어려울 것이다. 다작 여행 작가인 버드는 로키 산맥, 하와이, 일본, 한국, 중국에 관한 책을 출판했다. 『황금빛 반도』는 영국의 동남아 식민지에 대해 폭넓게 다루는 유일한 책이다. 1850년대부터 19세기 말 사이 여행기들이 흔히 그랬듯이 이 책은 관습 및 건축 환경뿐 아니라 동식물에 대한 과학적 정보도 제공한다. 로이 브리지즈(Roy Bridges)가 설명한 대로 "사실 그 시기의 필수적인 특징은 해외 팽창을 위한 과학적 정보의 획득이었다. 여행기는 이 과정에서 결정적인 부분을 맡았다."[9)] 『황금빛 반도』의 사실에 입각한 관찰은 "식물, 건축, 말레이인 인상학" 등을 포괄한다. 버드는 그의 자유분방한 상상 속에서조차 서구의 편견을 동남아시아에 투영한다. "기이한 군중들이 가득한 이 현지 거리는 싱가포르 풍치의 전매특허와도 같다. 이 구역은 야단법석과 소음으로 뒤덮여있고, 고함지르는 소리, 종치는 소리, 빠르게 북 치는 소리가 뒤범벅되어 있다." 버드는 '이

교도적' 도시이자 '동양 주민'의 도시인 싱가포르를 동경하면서도 혐오한다.

그 제국주의적 수사에도 불구하고 버드의 여행기는 과거나 현재를 불문하고 많은 찬사를 받는다. 왜냐하면 버드는 남성들의 세계였던 분야에서 성공적으로 경력을 쌓아 올린 몇 안 되는 여성이기 때문이다. 『동남아시아에 대한 세 가지 이국적 시각』에서 저자는 그의 식민주의적 편견을 비판했지만, 여행자에게 필수적인 자질인 버드의 대담무쌍함과 지칠 줄 모르는 기백에는 존경을 표한다. 버드의 글에는 독자들이 여행 서사라는 장르에 기대하는 요소와 포스트식민주의자가 비난하는 요소가 혼합되어 있다.

막스 다우텐다이

버드와 달리 식민지 건설가이자 제국의 대리인이었던 막스 다우텐다이는 주로 여행자로서 동남아시아를 방문했다. 독일에서 태어나 베를린 독립주의 예술과 건축에 영향을 받은 다우텐다이는 베를린과 파리에서 많은 시간을 보냈다. 다우텐다이는 1905~1906년에 토마스 쿡 여행사의 관광객으로서 소위 동양이라는 곳을 방문하게 되는데, 여정은 카이로에서 시작되었다. 이 여행의 구체적인 성과는 출판물이었다. "1909년과 1914년 사이에 그는 시 모음집 한 편과 아시아 관련 주제를 다루는 단편 모음집 두 편을 출판하였다. 유럽 밖을 다룬 이국적 소설이 거의 없었던 당시의 문학 관례에서 다우텐다이의 작품들은 매우 희소한 것으로 간주될 수 있다."[10] 다우텐다이의 두 번째 아시아 여행은 출판사와 선박 회사의 후원을 받아 이루어졌고, 이에 따라 그의 이국적 글쓰기의 수익은 배분되었다. 1914

년 4월에 유럽을 출발한 다우텐다이는 제1차 세계대전의 발발로 인해 인도네시아에 고립되었고, 1918년 8월 토사리(Tosari)에서 사망했다.

첫 번째 여행과는 다르게 '동양'에서 더 길게 머문 두 번째 여행 기간 동안 다우텐다이가 쓴 글은 유럽으로 돌아간 그의 아내와 친구에게 남긴 사적 편지와 일기뿐이었다. 저자가 아는 한 이 편지와 일기 뭉치들은 영어를 비롯한 어떤 언어로도 번역되지 않았다. 1914~1918년 사이 유럽인들에게 인도네시아의 생활에 대한 정보를 제공하는 출처로서 다우텐다이는 여전히 활용가치가 있다. "문화적으로 거의 침투되지 않았던" 다우텐다이는 "공간적으로 제한된 상황에서" 인도네시아를 경험했고 "이로 인해 다우텐다이는 동양에 대한 유럽적인 시각을 고수했다. 억류 상태였기 때문에 유럽에 대한 그리움은 커져만 갔고 자바 문화에 대해 열광할 만한 여유를 갖지 못했다."[11] 다우텐다이의 이국적인 글은 황금 심장을 가진 말레이 창녀, 마력, 악랄한 원주민, 불가사의한 식물 등 진부하고 상투적이다. 그러나 반어적이게도 유배 상황에서 집으로 보낸 그의 편지는 문화적 고립의 극단적 심리 상태에 대한 감동적이고 우연한 증언을 담고 있다. 현지 조사를 하는 인류학자 혹은 현지인처럼 되기 원하는 모험가와는 달리 다우텐다이는 현지 문화에 전혀 관심이 없었다. 다우텐다이는 귀향할 기회를 기다리면서 유럽식 습관을 고수하고 유럽인 친구들하고만 어울렸으며, 일관되게 지역 문화와 주민들을 무시했다. 다우텐다이의 글에서 동남아시아는 목적을 이루기 위한 수단, 즉 출판을 위한 이국적 배경이다. 한편 출판을 위해 당장 쓸모 있는 것은 아니었기 때문에 동남아시아는 그가 부인했던 현실이기도 했다. 그가 유럽으로 보낸 편지의 모든 문장에서 동남아시아가 등장하기는 하지만 말이다.

## 2. 20세기 여행자들

조지프 콘래드

이사벨라 버드나 막스 다우텐다이보다 오늘날 동남아 인식에 더 큰 영향을 끼친 작가로 19세기 말 조지프 콘래드를 들 수 있다. 이사벨라 버드가 동남아시아를 탐험한 직후이자 막스 다우텐다이가 '동양'을 방문하기 20여 년 전인 1880년대에 콘래드는 동남아에서 증기선 항해사로 일했다. 1895년에 그는 『올메이어의 어리석음(*Almayer's Folly*)』을 출판하면서 작가의 길로 들어섰다. 콘래드의 장편과 단편은 당대의 수많은 독자뿐 아니라 현대의 독자들에게도 인도네시아, 말레이시아, 싱가포르를 소개해 준다. 또한 콘래드가 동남아시아에서 겪은 모험기는 꾸준히 영화로 각색되었으며, 연구자들은 콘래드의 글쓰기가 갖춘 이 특별한 부분에 관하여 계속해서 논의를 하고 있다. 그의 작품은 독자들 내부에 존재하고 있는 모험 감각을 일깨운다. 사실 단 한 줄의 문장이라도 문화의 전달 및 소비의 층 안에서 다른 방식으로 수용될 수 있다. 영국 학교에서는 콘래드의 이국적 이야기를 가르치는데, 감수성이 예민한 젊은이들은 이러한 이야기에 매료된다. 이 젊은이들은 콘래드 이야기가 가진 이국적 낭만주의의 영향을 받아서 짐(Jim, 『로드 짐(*Lord Jim*)』), 헤이스트(Heyst, 『승리(*Victory*)』), 말로(Malow, 『어둠의 심연(*Heart of Darkness*)』, 『로드 짐』, 『젊음(*Youth*)』) 등 콘래드 소설에 등장하는 유명한 화자들의 직업을 동경했으며, 결국 이 젊은이들 중에서 모험가, 탐험가, 동양전문가, 여행자가 나왔다. 사실 이국적 낭만주의 속에서 동남아시아는 이미 알려진 이국적 이미지와 상징의 체계로 번역되는 공간이다.

콘래드의 영향을 받은 예로 개빈 영을 들 수 있다. 『콘래드를 찾아서』의 서문에서 "교장 선생님께서 콘래드의 『젊음』의 한 구절을 읽어 주신 후 [···] 조지프 콘래드를 향한 나의 집착이 시작되었다"[12]라고 개빈 영은 밝히고 있다. 『콘래드를 찾아서』의 싱가포르에 관한 장에서 개빈 영은 서사를 공간 안에서 그려내기 위해 콘래드의 작품 두 편을 활용한다. 한 작품은 『올메이어의 어리석음』으로, 이 이야기의 주인공은 선장 린가드(Lingard)라는 인물의 양자이다. 또 다른 작품은 돈이 필요했던 늙은 선원에 대한 소설인 『사슬의 끝(*The End of the Tether*)』이다.

> 정면에는 열주를 세우고 창문에는 높은 덧문을 친 산만한 이층 건물은 콘래드 시절에는 플린트가(Flint Street)와 배터리로(Battery Road)가 만나는 캐버나프교(Cavenagh Bridge) 지점에 있었다. 그 건물의 벽돌 하나, 기둥 하나도 지금은 남아 있지 않지만, 나에게 그것은 중요하지 않다. 나는 다리 끝의 배터리로에 있는 건물터까지 최단거리로 이동했다. 그 자리 언저리에 지금은 중국은행(Bank of China)이 있다.[13]

개빈 영의 서사에서 서구는 동남아시아에 관한 텍스트를 생산하는 지배적인 요인이다. 따라서 싱가포르, 인도네시아, 말레이시아 그리고 다른 동남아시아의 문화 모두 서구의 지배를 극복하기 위해서는 더 강한 서사의 목소리를 가질 필요가 있다.

한편 개빈 영은 다른 영국인들과 함께 동갈라(Donggala)에 머물렀던 동안 『올메이어의 어리석음』을 다시 참고하여 다음과 같이 썼다. "[동갈라는] 인도네시아의 완벽한 항구이다. 여기에는 상점, 친절한 사람들, 아늑한 간이식당(warung) 그리고 해변 시장이 있다."[14] 논쟁의 여지는 있지만, 이 어촌 마을에 대한 개빈 영의 묘사는 압도적으로 매력적이고 매혹적이다. 그러나 서구인과 인도네시아인 사이에서 벌어지는 확장된 사회적 상호 교환의 장에는 조용하고 "순종적인" 현지인과 이튼학교 출신인 호화로운 윌프리드(Wilfrid)가 있다. 윌프리드는 "그들이 마치 런던 클럽(London Club)의 회원이라도 되는 듯이" 현지인들에게 말을 걸었다. 개빈 영이 이 대목을 익살스럽게 쓴 것이다. 그러나 영국인은 고함을 지르고 현지인은 공손히 머리를 조아리는 상황에서 실질적인 문화 교류는 전혀 일어나지 않은 것이 현실이었다.

개빈 영은 콘래드의 "인도네시아식" 소설 『승리』에 나오는 인물 하나를 캘리반(Caliban)으로 묘사하는데, 아이어(Iyer) 역시 발리에 관한 그의 글에서 셰익스피어의 『폭풍(*The Tempest*)』을, 『카트만두의 비디오 나잇』에서는 「프로스페로 섬에 관하여」를 언급한다.

> 프로스페로 섬과 마찬가지로 그곳은 추방당해 바다를 건너온 귀족, 장인, 성직자 부류에 의해 통치되었다. 그곳 역시 프로스페로 섬과 마찬가지로 지금은 한 무리의 새로운 외부인들에 의해 위협을 받고 있었다. 그 외부인들은 그들이 섬의 처녀 여신의 마법에 걸렸으며 섬의 초자연적인 음악 때문에 깊은 잠에 빠졌다고 믿고 있었다.[15)]

개빈 영은 실제로는 1970년대 후반에 여행했지만 책은 1991년에 출간되었다. 개빈 영과 달리 아이어는 기간을 두고 일정 시기 동안 발리를 방문했으며, 단체 관광에 대한 비판 및 단체 관광이 발리에 미치는 파괴적 효과에 대한 비판을 중심으로 책을 썼다. 또한 개빈 영은 독자들에게 주로 흥미로운 모험기를 들려주는 데 주력했던 반면, 아이어는 서구의 영향 및 서구 방문객과 비서구 문화 및 장소 사이에 놓여 있는 긴장에

피코 아이어, 『카트만두의 비디오 나잇 그리고 그리 멀지 않은 동쪽에서 온 다른 보고문』

관심을 가졌던 것 같다. 그러나 아이어의 초기 작품에 나타난 자발적 포스트식민주의 태도에도 불구하고 그의 수사에는 의심할 만한 여지가 있다. 아이어는 『카트만두의 비디오 나잇』에서 발리의 자연과 그 거주민들에 관해 서술하면서 식민주의 수사의 전통 그대로 발리의 문화를 여성적이고 순종적인 것으로 그린다. "대부분의 경우 미란다(Miranda)만큼이나 부드럽고 환대를 베풀었다."[16] "그들 주위에 만연한 부패"에 대한 발리인의 저항에 대해 아이어는 『폭풍』의 다음 구절을 갖다 붙여 다시 인용하면서 단언하기를, "내 생각에 순진함은 그들이 가진 고유한 보호막일 수도 있었다"라고 했다. 한편 "휴식이나 믿음이 굴복한 곳, 파괴자들이 프로스페로를 때려 실신시켰던 곳"이라고 발리를 묘사할 만큼 실망이 컸던 발리 방문 이후 아이어는 여러 날 앓았다. 그는 "발리의 밤 세계 안으로 다시 실려 왔다. 그곳은 그림자극과 닭싸움의 섬, 성스러운 단도와 만월 의식의 섬이었다."[17] "캘리반이 돌아왔다. 정령들은 활동적이었고, 난파선에 타고 있던 외국에서 온 방문자들조차 살아남았다"[18]라고 염원하며 아이어는 글을 마친다. 이러한 식의 영문학 작품 인용은 이국적 이미지에 대한 관습적인 정형화(닭싸움, 성스러운 단도, 보름달 의식)이다.

2005년 작, 『어둠 이후의 태양』에서도 아이어는 발리에 관한 짧은 글을 삽입했다. 섬은 여전히 매혹적이었으나, 아이어는 한 발리여성과 꼼짝 못하게 얽히게 되었다. "그 소녀에게서 빠져 나온 지 며칠 뒤, 공항으로 갔고, 나는 떠났다."[19] 그가 18개월 후 발리에 돌아갔을 때, 그는 '와얀(wayan)' 혹은 첫째 딸이라는 일반명칭으로 자신을 소개한 혹은 그렇게 불리는 이 여성을 만나지 않으려고 애를 썼다. 그러나 그들은 만났고 그는 이 여자에게서 벗어나고자 노력했다. 아이어는 이를 "모든 방문자들의 손쉬운 도피"라고 표현했다. 그 후 아이어는 전작 『카트만두의 비디오 나잇』에서만큼이나 앓았다. 두 작품 사이에는 15년 이상의 시간 차이가 존재하지만 비유는 놀라울 정도로 유사하다. 발리는 요술에 걸린 섬이고, 여자들은 외국인에게 선뜻 자신을 내어 준다. 이 여자들은 아름답지만 별다른 특징은 없다. 거기에서 사는 것은 꿈꾸는 것과 같지만 마술, 의례, 외국인들이 이해하지 못하는 것들을 조심해라. 이렇듯 차이라는 이국성과 위험이라는 유혹은 인도네시아의 이 지역에 대한 통찰력 있고 구체적인 분석 및 묘사보다 우위를 점한다.

영국인 작가와 영국에서 교육받은 작가 모두 캘리반을 언급하였다. 하지만 아이어가 찬양한 캘리반은 반어적이게도 개빈 영의 캘리반과는 상당히 다르다. 개빈 영의 캘리반은 콘래드의 『승리』에 등장하는 악당과 동일시되기 때문이다. 『폭풍』에서와 마찬가지로 『승리』에서도 캘리반은 귀환을 환영받을 만한 인물이 아니다. 포스트식민주의 연구에서 캘리반은 원주민을 정복하는 식민 지배자를 대표하는 상징적인 인물로 간주된다.[20] 한편 아이어의 캘리반 차용은 그의 발리 묘사와 마찬가지로 논란의 여지가 있다. 발리를 프로스페로 섬과 비교할 때, 아이어는 포스트식민주의 연구가 도래하기 전에 영국 학교에서 배운 것을 참고하고 있다. 그리하여 그의 어휘는 ("미란다만큼이나 부드럽고 환대를 베푸는", "순수한") 여성적인 문화 및 공간이라는 외연을 갖는다. 이 맥락에서 캘리반은 분명히 쇠고랑을 차야 하는 범법자이어야 한다. 그러나 열에 달뜬 꿈속에서 "성스러운 단도, 만월 의식"을 목격한 아이어는 캘리반이 침입자 외부인들을 추방하기를 원한다. 어떤 방식으로 『폭풍』을 읽어야 하는가는 아이어에게 문제가 되지 않는다. 중요한 점은 그가 그의 발리를 되찾았다는 것이다. 이 발리에는 관광 홍보물이나 다우텐다이의 이국 취향 소설에 나올 법한 상투성(닭싸움, 성스러운 단도, 외국 남자들에게 꽃을 바치는 혼기가 꽉 찬 "마법에 걸린 아홉 살 먹은 미란다")이 넘쳐날 뿐이다.

## 3. 맺음말: 이국성 정형화하기

낯선 문화와 공간에 대한 정확하고 정직한 서사로서 여행기가 갖는 신뢰성은 과거에도 현재에도 의문의 여지가 있는 것이다. 그럼에도 불구하고 여행기는 성공적인 문학 장르로서 앞으로도 계속해서 출판되고 판매될 것이다. 정확하고 정직한 보고문의 작성을 막는 첫 번째 장애물은 누군가는 글을 써야 한다는 사실이다. 메리 베인 캠벨(Mary Baine Campbell)은 다음과 같이 지적한다.

> 여행기는 여행기를 쓰는 사람의 문화나 사회에 의해서만 그리고 작가에게 표현할 권위를 부여하는 상황에 의해서만 좌우되는 것이 아니다. 여행기는 작가에 의해서도 좌우된다. 작가는 특정 심리구조(psyche)를 가진 누군가이며, 이 누군가의 책은 타인의 (문화적이거나 사회적으로 생산된) 심리구조에 영향을 준다.[21]

북아메리카의 일반적인 독자층을 겨냥해 쓴 책이 인도네시아인이나 말레이시아인을 겨냥한 책과 같을 수는 없으며, 여기에는 많은 이유가 있다. 자신의 문화와 역사에 대하여 고유의 해석을 내놓는 동남아시아 출신 작가들에 의해서 이러한 동시대성의 결핍은 다소 교정될 여지가 있다. 몇 작가만 들자면 셜리 림, 리디아 콰(Lydia Kwa), 캐서린 림(Catherin Lim)이 그 예이다.[22)]

포스트식민주의 이론은 동남아시아인의 목소리를 지지한다. "[글쓰기의] 이러한 효과가 어떻게 만들어지는지를 우리에게 깨우쳐 주는 것"[23)]이 이 이론의 역할이다. 또한 후기구조주의 이론에 따르면, 글쓰기는 하나의 구성체이며 정형화는 수많은 소속관계, 학문분과, 호명(interpellations)의 산물이다. 바로 이 교차점에서 저자는 연구의 두 영역, 즉 포스트식민주의 이론과 여행기의 화해를 시도할 수 있다.

# 5. 타고르가 본 1927년의 동남아

글쓴이 _ 이옥순

이 글은 1913년 아시아인 최초로 노벨상을 받아 단박에 세계적 유명 인사가 된 인도 출신의 라빈드라나트 타고르(Rabindranath Tagore, 1861~1941)가 1927년 7월부터 10월 사이에 동남아를 여행하고 남긴 기록과 여러 편의 시(詩)를 통해 그가 당시 인도의 이웃이자 궁극적인 아시아 연합의 일부인 동남아를 어떻게 인식하였는가를 분석하였다.[1)] 타고르가 여행하던 1920년대는 서구 식민주의가 인도와 동남아에서 세력을 떨치던 시대로 타고르의 여행은 그 자체로 역동적인 서구에 대한 도전적 성격을 지녔으나 그의 인식도 같은 노선이었는지를 추적하려는 것이다.[2)]

동남아와 인도는 고대에 밀접한 관계를 유지했고, 20세기 전반에는 이 지역에 대한 인도의 영향을 '동남아의 인도화(Indianization)' 또는 동남아에 대한 인도의 식민화(colonization)라는 용어로 그 중요성이 다뤄졌다. 그럼에도 불구하고 인도가 동남아를 어떻게 인식했는지를 알려주

---

* 이 글은 『숭실사학』 제24집(2010.06)에 「타고르의 동남아, 1927년」이라는 제목으로 실렸다.

라빈드라나트 타고르

는 연구는 인도와 동남아 어디에서도 나오지 않았다. 윤회를 믿으며 짧은 현세적 기록의 생산에 소홀한 인도인은 전통적으로 바다를 건너 외국으로 여행하는 것을 금기시했고, 따라서 여행기를 통한 인식도 알려지지 않았다. 근대에 이르러 금기를 깨는 인도인들이 나왔으나 그들은 주로 서구를 향했고, 동남아가 포함된 인도 동쪽의 아시아로 간 여행자는 매우 드물었다.

1927년 타고르가 오늘날 인도네시아의 자바에 있는 한 고고학자의 초청을 받고 싱가포르, 발리, 자바, 말라카, 페낭, 시암, 버마 등지를 여행하고 벵골어로 『자트리(*Jatri*)』란 여행기를 남긴 건 여러 점에서 역사적이다. 여행기의 일부는 벵골인 학자들의 몇몇 논문에 영어로 인용되었고, 그가 여행지에서 지인들에게 보낸 25통의 편지는 모국어로 쓰였으나 그중 상당수는 곧 영어로 번역되어 벵골어를 해득하지 못하는 사람들에게 소개되었다.[3] 여행 도중에 그가 받은 감흥과 다채로운 인상은 벵골어로 쓴 '발리', '시암', '스리비자야라크시미(Sri Vijaya Lakshmi)' 등 여러 편의 시에도 반영되었다.[4]

이 글에서는 타고르의 동남아 여행기와 편지, 시를 통해 1927년의 그가 하나의 지역으로 불리기 이전의 동남아를 여행하고 그곳을 어떻게 상상했는지, 그리고 그러한 상상력이 가진 역사적 중요성은 무엇인지를 탐구하였다. 타고르는 서구 식민주의가 비서구세계에서 힘을 자랑한 20세기 초반에 그 피지배자와 약자에게 주어진 순종적인 규범을 넘어 세계적으로 환호를 받은 '특별한' 여행자였다. 당시 여행을 주도한 근대 서구인처럼 타자를 '보고 정의하는 힘'을 가진 타고르는 은연중 제국주의를 지지한 서구 여행자와 달리 동남아를 긍정적으로 바라보았을 가능성이 높다. 하지만 그의 인식은 당대 자신이 위치한 역사적 상황에서 자유롭지는 못했을 것이다.

## 1. 1927년의 타고르

타자에 대한 상상과 재현은 역사적으로 형성되게 마련이다. 1927년 동남아 지역에 남아 있는 인도의 고대 문화를 순례하기 위해 여행을 시작한 타고르도 초연한 여행자나 객관적인 여행자는 아니었다. 동남아에 남아 있는 인도 고대 문명을 연구할 자료를 모으고 그 지역과 인도와의 문화적 협력을 추진하려고 동남아를 찾아간 타고르의 '보는 자', '보고 정의하는 자'의 우월한 입장은 당시 그가 처한 시대적 분위기와 무관하지 않았다. 1927년의 그는 어떤 위치에 있었는가?

여행을 좋아한 타고르는 노벨상을 받은 뒤에 시성(詩聖)의 메시지를 기대하는 해외로부터의 많은 초청을 받아들였고, 그래서 타고르의 전기를 쓴 톰슨(Thompson)은 "그만큼 그렇게 멀리, 자주 (세계를) 여행한 사람은 없다"라고 적었다.[5] 넓은 세계에 대한 향수병을 느꼈다고 할 정도로 여행애호가인 타고르는 살아 있는 동안 열두 번의 외국여행을 했고, 때로 일 년 이상 고향을 비운 적도 있었다.[6] 미국과 영국, 독일 등 유럽은 물론, 일본과 중국 등 아시아의 여러 나라를 방문한 타고르는 말레이와 자바, 시암 등 동남아 여러 나라를 방문한 뒤에도 러시아와 이란으로 여행을 계속하였다.

그러나 타고르는 여러 면에서 당대의 평범한 여행자와 달랐다. 영국

1888년에 완성된 봄베이 빅토리아 역(제임스 리칼톤, "The most magnificent railway station in the world", 1903)

에서 그의 첫 영시집이 출간되고 7개월 만에 노벨문학상을 받은 비서구 세계 출신의 타고르는 서구세계에 '뭔가' 알려주는 강연여행을 다녔기 때문이다. 타고르는 노벨상을 받은 초기부터 문학가와 시인이라기보다 근대 서양의 세속적 삶의 너머에 있는 신비한 동양의 인물로 평가되었고, 그런 그에게 '지혜'를 들으려는 각국의 초청이 쏟아졌다. 예를 들면, 1912년 11월 2일자 미국의 인디애나폴리스에서 발행된 한 신문은 그 도시를 방문하는 타고르를 '위대한 동양의 유혹'이라고 불렀고, '경이로운 시인'이며 '신비주의자'라는 말을 덧붙였다.7)

하지만 서구세계가 동양의 정신주의를 전파하는 메신저를 기대한 것과 달리 타고르는 강연을 통해 서구의 제국주의와 물질문명을 비판하고 고대 동양의 정신과 문명의 우수성을 설파하면서 '하나의 아시아(동양)'를 주장하였다. 나아가 공격적인 '남성적' 민족주의를 비판한 그는 순수한 민족적 정체성에 의문을 제기하면서 "나는 동양과 서양의 진정한 만남을 믿는다"라고 동서양의 연합을 언급하였다. 그러자 한때 이국적 동양을 선망하며 '동양의 철학자' 타고르를 환호한 서구세계는 1920년대를 넘기면서 서구문명을 혹독하게 비판하는 그를 무시하기 시작하였다. 그 중에는 타고르를 흠모하고 영어로 출간된 그의 첫 시집에 서문을 써서 세계적 인물로 만드는 데 일조한 영국의 시인 예이츠(Yeats)와 파운드(Pound)가 포함되었다. '동양답지 않은' 타고르는 점차 외면을 받았다.

서구 제국주의를 비판하면서 '하나의 아시아', '하나의 동양문화'라는 개념을 설파한 타고르는 두 가지 측면에서 그 주장을 전개하였다. 첫째, "한 국가가 다른 국가를 지배하는 건 양쪽의 인간성을 모욕하는 것", "유럽이 세계를 위협한다는 증거는 아시아, 아프리카에서 많이 볼 수 있다"라는 타고르의 발언에서 유추할 수 있듯이, 서구 식민주의의 피해자로서의 아시아의 동질성이다.[8] 버마에서 일본에 이르는 동양이 인도와 맺은 고대의 우호관계가 서구 식민주의에 의해 단절되었다고 이해한 타고르는 "나는 동서양 강국의 무자비한 착취로 모욕받고 상처받은 사람들을 깊이 동정한다. 경제적인 이유로 아메리카에서 잔인하게 학대받는 흑인들, 최근 일본 제국주의에 희생된 한국인들, 부당한 처사를 당하는 내 나라의 힘없는 사람들에게 한없는 연민을 느낀다"라고 적었다.[9] 그는 "동양을 압도하는 서구에 맞서 외국의 지배를 받는 우리 아시아는 자신의 목소리를 찾아야 한다"라며 아시아를 '우리'라는 수사로 동질적으로 보고 그 연합을 주장하였다.[10]

둘째, 타고르는 다양한 문화가 공존하는 아시아를 불교와 힌두교 등 인도의 종교와 문화를 공유한 공간으로 인식하였다. 젊었을 때부터 불교에 관심을 가진 타고르는 특히 불교로 연결되는 아시아를 상상하였다. 아시아의 문화적 정체성을 고대 불교로 여긴 그는 고대에 지속된, 아시아의 불교국가들과 인도와의 밀접한 우호관계가 회복되길 기대하는 발언을 여러 차례 반복하였다. 평등과 박애주의를 가르치는 불교를 통해서 서구에게 고통 받는 아시아의 여러 나라들이 옛날처럼 밀접한 관계를 회복할 수 있으리라고 여긴 것이다.

타고르는 아시아의 불교국가 중 특히 중국과 일본에 주목하였다. "일본은 아시아에 희망을 가져왔다"라고 적은 타고르는 "일본에는 수행해야 할 동양의 사명이 있다"라며 한때 일본을 신뢰했다.[11] 타고르는 1924년 중국을 방문했을 때도 "인도가 여러분을 형제로 여기고 사랑을 보낸 날을 기억합니다. 그 관계는 여전히 우리 동양인의 가슴에 자리하고 있습니다"라고 말하고 "우리 조상들이 영적 교류를 위해 목숨을 걸고 믿음을 위해 여행을 떠났던 과거"를 기억하면서 "여러분 중에서 위대한 몽상가가 나타나서 사랑의 메시지를 설파하여 수세기 동안 벌어진 열정의 틈을 메우고 모든 차이를 극복하길" 희망했다.[12]

그러나 고대의 인도 문명으로 연결된 하나의 세계를 언급한 타고르는 과학과 힘의 '근대 서양'을 지향하는 중국과 '탈아입구(脫亞入口)'를 추구한 일본으로부터 홀대받았다. 1920년대의 급변하는 중국에서 진보적 중국인들은 영혼과 고대 문명을 말하는 타고르를 비판했다. 중국의 청년들에게 무능을 가르치고 지배층의 야만성을 방어한다는 것이었다.[13] 이에 앞서 "힘을 가지려는 열정이 영혼을 버리고 무기를 늘려서 결국은 적보다 자신을 더 파괴시킬 것"이라고 일본의 민족주의를 예언자처럼 비판하고 경고한 타고르는 일본에서 (스님들과 종교학자들을 제외하면) '망국의 시인'으로 무시되었다.[14]

중국 방문을 마친 다음 해인 1925년까지 일곱 번의 외국여행을 한 타고르는 1926년 이탈리아를 방문했을 때 파시스트정권에게 정치적으로 이용당하는 상황에 처했다. 타고르가 설파한 반제국주의 입장이 파시스트의 선전에 이용된 것이다. 파시즘과 국제정치에 무지한 타고르는 이탈리아여행으로 인해 가까운 지인은 물론 도처에서 비판이 제기되자 큰 상처를 받았다. 이후 한동안 고향에서 칩거하던 타고르가 '우리 아시아'

를 실감하며 행복하게 여행한 곳이 1927년의 동남아였다.

인도 동남해안의 마드라스(Madras)에서 출발한 타고르는 1927년 7월 20일에 싱가포르에 도착하여 말레이반도에서 바쁜 일정을 시작하였다. 이미 1916년과 1924년에 싱가포르, 버마, 말라야 등 동남아의 일부 국가를 잠시 방문한 적이 있는 타고르는 10월 27일까지 4개월의 여정으로 동남아를 여행하면서 아시아의 문화적 통합을 주장했다. 이미 세계적 유명인사가 된 타고르는 하루에 2~3개의 일정을 소화하면서 방문한 곳에서 뜨거운 환영과 환대를 받았다.

곧 출간 예정인 『자바에서 온 편지(*Letters from Java*)』를 보면, 타고르는 싱가포르에 도착한 후 가든클럽에서 중국인 청중을 대상으로 연설하면서 중국과 인도가 가까웠던 과거에 대한 기억을 언급했다. 그는 중국의 고대 역사가 중국과 인도의 차이를 연결하는 다리[橋]라고 파악하고, 그 다리는 정치와 상업이 아니라 휴머니티의 이상(理想)이라고 강연하였다. 그는 중국인으로 꽉 찬 팰리스게이극장에서도 인도-중국의 협력을 강조하고 양국 문화의 통합을 언급하였다. 그는 두 나라의 위대함은 고대에 만나서 우정을 다진 그 정신에 있다고 덧붙였다. 7월 22일 빅토리아극장의 강연에서는 학생과 교사들에게 정치와 상업에서 공통의 이익이나 합의점을 찾기란 어렵다면서, 사람이 사람을 알기 위해서는 공통의 인류애를 인식해야 한다고 주장했다. 그는 또한 영광스러운 인도의 과거는 위대한 날란다(Nalanda)대학과 탁실라(Taxila)대학으로 증명된다고 말하고, 순례자인 학생들이 인도가 세계에 주는 선물을 받기 위해 두 대학에 왔다고 기억했다.[15)]

7월 23일에는 인도인들의 모임에 참석하여 타고르는 또다시 인류애의 중요성을 역설하였다. 그다음 날에도 싱가포르의 인도협회에서 타고르는 고대 인도의 이상이 인류애와 봉사라고 강조하면서 고대 인도의 문화가 이곳 지방으로 흘러온 덕분에 아시아가 문화로 연결된다고 다시금 언급하였다. 국제 간의 친선과 인류의 통합에 대한 강연은 7월 27일 빅토리아극장에서도 계속되었다. 7월 29일에는 세인트프란시스연구소에서, 31일에는 쿠알라룸푸르 시청에서 열린 환영회에 참석하여 양국의 우정을 희망하는 연설을 하였다. 8월 3일에는 빅토리아학교에서, 5일에는 앵글로-중국인 학교에서, 8일에는 유교학교에서 연설하였다. 타고르는 8월 2일의 연설에서도 자신의 사명이 인도 문화의 보편성을 찾는 것이라고 밝혔다.

8월 14일 페낭의 중국인클럽에서 열린 강연에서도 타고르는 아시아를 "세계적인 종교 – 기독교, 이슬람, 조로아스터교, 유대교, 힌두교, 유교 – 의 발상지"로 인식하고 "이 문명의 위대한 이상을 통해 인간은 인간으로 남을 수 있었다"라고 언급하면서 지리적으로 중간에 위치한 인도가 운명적으로 아시아인과 나머지 세계의 통합을 실현하는 사명을 띠고 있다고 주장했다. 이상에서 본 것처럼 1927년의 타고르는 고대의 인도 문화가 중심인 하나의 아시아를 상상하며 동남아 여행을 계속했다.[16)]

## 2. 동남아, 하나의 세계

1927년에 나온 타고르의 여행기와 지인에게 보낸 편지에서 드러나는 동남아는 고대 인도의 문화와 종교로 연결되는 느슨한 하나의 세계, 힌두교와 불교를 통해 맺어진 문화적 친족이었다. 아시아의 동질적 문명을 말해 온 타고르는 낯선 문명세계를 여행할 때와 달리 동남아에서 익숙한 것을 확인하는 기쁨을 적었다. 그는 1927년 7월 17일 여행을 떠나면서 니르말라쿠마리(Nirmalakumari)에게 보낸 편지에서 "인도 역사가 보편의 세계에 들어가는 징후를 목도하는 순례여행"이라고 적었고, "왜 자바에 가느냐?"라는 질문에 대해서도 인도의 오랜 팽창과 확대과정을 보는 순례여행이라고 대답하였다.[17)]

타고르를 동행한 여행팀은 근대의 지리적, 정치적 경계를 넘어서 인도 문명을 순례하는 목적을 가진 타고르의 여행에 부합하는 인물로 구성되었다. 벵골어 여행기를 남기고, 타고르의 방문이 아시아의 문화적 자각에 중요한 사건으로 기록될 것이라고 적은 수니티 차터르지는 캘커타 대학교의 서지학자이자 언어학 교수였고, 브라만으로 힌두문화에 정통하였다. 건축가 수렌드라나드 카르, 화가이자 음악가인 디렌드라 크리슈나 데바 바르만도 동남아에 현존하는 인도 문화를 목도하고 확인하는 데 최상의 구성원이었다.

페낭에서 강연을 마친 타고르는 바타비아로 가는 배에서 그곳에서 한때 번성한 스리비자야제국과 타고르의 고향에서 번성한 팔라 왕조와의 유대를 회고하고 '스리비자야라크시미'라는 시를 썼다. 역사에는 스리비자야 제국이 인도의 날란다 불교대학에 많은 후원금을 보낸 것으로 기록되어 있다. 바타비아에서 발리로 이동한 타고르는 그곳에 살아 있는 인도의 고대 종교와 문화를 보고 몹시 놀랐다. 그는 "인도의 고대가 내 눈앞에 살아 돌아온 것 같고, 아잔타 석굴의 벽화가 빛을 발하려고 예술의 영역에서 삶의 영역으로 빠져나온 것 같다"라고 적어 경이로움을 나타냈다.[18)]

식민 지배자 네덜란드에 의해 행정장관의 직책을 맡은 카랑아셈(Karangasem) 왕국의 전(前) 라자(왕)의 궁에 머문 타고르는 지인 미라 데비(Mira Devi)에게 보낸 편지에서 발리가 젊어 보인다며 고대가 새롭게 환생하였다고 적었다. 근대가 과거와 손을 잡아 하나가 된 그 땅에 온 외국인들은 그 덕분에 현재에서 과거를 볼 수 있는 이점이 있다고 하

아쇼카바나의 시타, 『라마야나』(16세기), 영국도서관

면서 고대 인도의 영향을 받은 문화가 현존하는 사실에 감탄하였다.[19) 타고르는 한편 작은 섬나라인 발리가 섬나라인 일본과 유사하다면서 빈곤과 질병이 없는 것을 한 예로 들었으나, 다른 한편 일본과 달리 발리의 더운 날씨가 미적 표현을 성숙하게 만들었다고 긍정적으로 적었다.

자신이 비슈누의 후계자라고 소개한 카랑아셈 왕국의 전 라자는 인도의 대서사시 『마하바라트(*Mahabharat*)』의 모든 장(章)을 외우고 있어서 타고르를 놀라게 했다. 브라만 사제들은 『마하바라트』의 산스크리트 시구(詩句)를 현지 문자로 적은 힌두교 경전을 가지고 타고르를 찾아왔는데, 그중에는 요가에 대한 책도 포함되어 있었다. 인도 문화의 현존을 확인한 타고르는 특히 『마하바라트』의 주인공 아르주나(Arjuna)가 그곳 사람들의 이상형이라고 편지에 썼다. 또한 발리의 무용과 그림자극, 노래, 시 등 모든 예술의 영역이 『라마야나(*Ramayana*)』와 『마하바라트』의 영향을 받았다고 적었다.

타고르는 라자가 산스크리트어를 해득하는 것은 물론 고대 인도의 산과 강을 줄줄이 꿰는 것에 더욱 놀랐다. 사무드라(Samudra, 산스크리트어로 바다)를 읊조린 라자는 히말라야, 빈디야(Bindya), 말라야와 같은 산과 강가(갠지스), 야무나(Yamuna), 나르마다(Narmada), 코베리(Kaveri) 등 인도 남부와 북부의 강을 다 언급했다. 동남아에서 인도의 지리를 듣고 경탄한 타고르는 그러한 언급이 힌두경전을 암송한 것임을 깨달았다. 그는 동남아에 경전의 내용이 전해진 지 오랜 시간이 흘렀음에도 강과 산 등 지리적 특징을 명상하며 인도 의식(국가로서의 의식)을 강하게 일깨우는 인도 전통이 잔존하는 것을 보고 "인도가 잊어버린 땅에 왔다!"라고 말했다.[20] 타고르는 그와 라자가 "같은 시구를 함께 외웠다. 열반에 대한 질문에 대해 생각하면서[…]"라고 「발리」라는 시에 써 인도에서 거의 사라진 산스크리트의 생존을 기꺼워했다.

발리에서 여행의 목적지인 자바로 이동한 타고르는 자바인들도 발리인처럼 인도의 대서사시에서 큰 영향을 받았음을 확인하였다. 타고르는 "며칠 머무는 동안 이 나라가 『라마야나』와 『마하바라트』의 이야기에서 깊은 영향을 받았다는 것을 알았다. 그들의 정신은 대서사시의 이야기로 채워져 있으며, 그렇게 깊은 영향이 정신세계에 끼쳤으니 그 자체가 예술적 형상으로 표출되게 마련이다. 그러한 형상은 보로부두르 조각에서 최상의 기쁨을 느낄 수 있다. 인도로부터 단절되어 수세기를 보냈으나 서사시는 이들의 영혼에 미묘한 안식처를 제공하였다. '네덜란드령 인도(Dutch Indies)'로 불리는 이 섬들을 '선인(仙人) 인도(Vyas Indies)'라고 불러야 한다"라고 말했다.[21]

9월 17일 프라티마 데비에게 보낸 편지에서 인드라지트(Indrajit)와 하누만(Hanuman)의 싸움을 묘사한 무용극을 보고 현지 문화와 인도 벵골과 갠지스 주변지역에서 공연되는 같은 내용의 무용을 비교했다. 타고르는 자신이 소에라카르타(Soerakarta)의 망쿠너가라(Mangkunegara) 왕

보로부두르(1873), 이지도르 반 킨스베르겐

가(王家: 1885~1944)의 저택 베란다에서 글을 쓴다면서 저택의 벽면이 『라마야나』의 이야기를 그린 아름다운 천으로 덮여 있다고 적었다. 그는 왕이 무슬림이면서도 힌두교의 신과 여신을 상세하게 알고 있다고 하여 인도 문화의 연계를 확인하는 경이로움을 기록하였다. 타고르는 인도와 자바의 문화적 친족관계를 확인한 기쁨을 「자바에게」라는 시에 남겼다.[22)]

> 기록이 없는 아득한 옛날에 우리는 만났네, 그대와 나,
> 위대한 비슈누신이 내게 말하네,
> 열개의 팔을 가진 우마 여신에게 말하네,
> 배를 준비하여 우리의 숭배의식을 실어 나르라고,
> 미지의 바다를 가로질러서.
> 친족의 금사를 우리 서로의 손목에 매었을 때
> 그것이 그대 삶의 내밀한 영역을 추적하게 하였네,

우리가 만난 저녁, 지금은 잊어버린 그 저녁에,
우리가 함께 밝힌 등불이 아직도 타는 그곳을 추적하였네.
기억해주오, 내가 그대의 얼굴을 기억하듯이
그리고 나를 알아주오, 그대 자신처럼
잃어버린 옛날을 되찾고 새것을 만들도록.

타고르가 자바와의 연대감과 동양의 유사성을 찾은 것은, 1924년 중국에 갔을 때를 회상하며 1941년에 쓴 「생일날에」라는 시에서 잘 드러났다. "이전에 나는 중국으로 떠났네./ 그때까지 내가 알지 못한 사람들이/ 내 이마에 축복의 자국을 남기었네./ 그들은 말하네. '우리는 당신을 알고 있다'고./ 이방인인 내 외투가 흘러내리고/ 동일한 인간의 내면을 드러냈네. 나는 중국 이름을 갖고 중국옷을 입었네./ 그리고 나는 알게 되었네./ 내가 친구를 찾는 곳 어디에서나/ 나는 다시 태어나는 것임을."[23)]

오늘날의 인도네시아에 자리한 보로부두르 불교사원을 방문하고 「보로부두르」라는 장시(長詩)를 쓴 후 타고르는 시암을 방문하여 10월 8일부터 15일까지 머물렀다. 이곳은 인도에서 발생하여 퍼져나간 불교가 생생하게 살아 있는 곳이다. 시암을 방문하기 전에 페낭에서 가진 방콕 타임스와의 인터뷰에서 타고르는 자신이 "불교에 대해 가진 감정을 누구나 알 것"이라면서 "나는 불교도"라고 선언하고, "인도는 모든 문화와 인종을 불러서 꽃피우도록 만들었다. 모든 문명이 인도에 있다"라고 고대 인도 문화의 영향을 말했다.[24)]

이러한 타고르의 입장은 그가 10월 16일 방콕에서 가진 마지막 연설에서 시암을 방문한 두 가지 이유로, 시암이 동양의 나라이고 시암의 왕이 자신처럼 독실한 불교신자이기 때문이라고 말한 데서도 드러났다.

그는 말레이 여행 중인 7월 17일자로 시암의 외무장관에게 시암을 방문하고 싶다는 편지를 보내고 시암의 옛 수도 아유타야와 고대의 도시 로프부리(Lopburi)를 보고 싶다고 적었다.[25] 두 도시는 인도의 영향을 많이 받은 지역으로 타고르가 인도와 시암 간의 문화적 유대를 인식하고 여행을 추진하였음을 알려준다.

시암을 찾은 타고르는 인도의 고대 문화, 불교의 영향을 목도하는 일정을 치렀다. 에메랄드 불교사원에서 왕과 왕족들을 만난 그는 발리와 자바에서 그랬던 것처럼 시암에 잘 보존된 인도 문화를 인정하였다. 시암의 왕족들이 산스크리트어를 해득하는 것에도 놀라워한 그는 "나, 순례자 그대의 문에 왔네. 인도의 무한한 영광에게 내 시를 바치려고, 인도의 버려진 사원에서 멀리 떠나와, 그대의 집에 은신하였네. 그대의 가슴에 흐르는 살아 있는 강물에 목욕하려고"라는 「시암」이란 시에 이러한 인식을 담았다.[26]

고대 인도가 아시아에게 준 문화적 선물을 언급한 10월 13일 방콕의 중국인상공회의소에서 열린 강연에서 타고르는 중국의 순례자들이 어려움을 뚫고 사막과 산, 정글을 넘어 인도를 방문했고, 인도인도 중국에 갔다며 고대의 우호관계에 대해 말했다. 타고르는 두시트(Dusit) 왕궁에서 열린 시암의 왕과 왕비가 참석한 환영회에서도 "아시아인이 동일한 정신성을 가졌고 그것은 대륙적 문화"라고 말했다.[27] 그는 유럽인이 자신들의 공통의 정신성과 문화유형을 깨달았듯이 아시아도 대륙적 문화를 깨닫고 자의식을 회복하고 유아(幼兒)와 같은 단계에서 나아가야 한다고 말한 뒤 시암의 왕에게 시암이 아시아에 속해 있으므로 자신의 사상이 중요하다는 점을 이해해달라고 호소했다.

타고르는 한 환영회에 참석하여 "지난 2~3년간 수많은 나라를 여행했으나 시암에서처럼 따듯한 환영을 받은 적은 없었다. 유럽의 여러 나라의 지배자들과 저명한 인사들로부터 환대를 받았으나 시암의 왕과 왕족, 관료들의 친절하고 영예로운 환영에 비교할 바는 아니다"라고 적어서 중국과 일본에서 받은 홀대와 달리 '우리 아시아'로서의 유대와 환대를 받는 것을 기꺼워했다. 이때 타고르는 나중에 시암의 왕이 된 당시 교육부장관이 인도와 시암 간의 고대 문화적 유대를 부흥할 수 있도록 인도 학자를 보내 달라고 요청하자 캘커타대학교를 나오고 바라나시(Varanasi) 힌두대학에서 산스크리트를 공부한 스와미 사티야난다푸리(Swami Satyananda Puri)를 1932년 방콕에 파견하여 인도의 문화 대사가 되도록 만들었다.

시암과 보로부두르처럼 버마도 타고르에게는 불교국가로서 '하나의 아시아', '아시아 문명의 일원'에 속했다.[28] 그가 미국을 향해 떠난 1916년, 중국에서 돌아오는 길인 1924년, 그리고 동남아에서 귀국하다가 들른 1927년의 버마는 인도와 유사성이 많은 나라였다. 특히 타고르의 고향인 벵골과 버마의 밀접한 지리적 · 문화적 연계성을 인지한 그는 벵골의 접경지대인 인도 동북지방, 즉 아삼(Assam), 트리푸라(Tripura), 마니푸르(Manipur) 지역이 버마와 역사적으로 연계되었으며 불교, 비슈누 수피의 영향권이라고 적었다. 타고르는 불교와 힌두교가 동남아의 대륙과 도서지방에 자발적으로 받아들여진 것처럼 버마에서도 인도 문화가 현지 문화와 잘 융합된 것에 감탄하였다.

타고르는 인도의 고대 문화와 종교, 예술로 연결되는 하나의 세계뿐 아니라 많은 인도인들 - 타밀인, 구자라트인, 시크, 파탄, 펀자브인 - 이 거주하는 공간으로서도 동남아의 동질성을 인식했다. 1916년 버마에 들른 타고르는 "마드라스인, 펀자브인, 구자라트인이 거리와 강변을 오가고 있었다. 랑군은 버마의 도시가 아니다"라고 버마에서 인도의 '넓고 깊은 존재'를 발견한 바 있었다.[29] 1927년 시암에서 인도로 귀환하는 길에 버마에 들렀을 때도 마찬가지였다. 벵골인, 타밀인, 텔루구인, 펀자브인, 구자라트인들이 그를 기다렸고, 벵골인 등 지인이 많은 그곳에서 타고르는 "고향에 있는 것처럼" 느꼈다.

이미 세계적 인물이 된 타고르는 1927년의 동남아 여행 중 가는 곳마다 그곳에 정착한 다양한 출신지와 종교적 배경을 가진 인도인의 환영을 받았다. 타고르가 여행을 떠나면서 동남아 여행을 "근대의 정치적 경계를 넘어서 인도를 순례하는 것"이라고 말했고, 그를 동행한 차터르지가 "우리가 여행하는 땅은 우리에게 낯선 땅이 아니다. 우리는 우리 영토의 일부를 여행하고 있는 것이다"라고 기록한 것은 이러한 동질적 인식을 뒷받침하였다.[30] 해외여행을 자주 다닌 그는 이전에도 "근대의 지리적 경계는 사라졌다"라고 적었다.[31]

타고르의 동남아에 대한 이러한 관점은 나중에 독립운동의 지도자이자 독립한 인도의 초대 총리를 역임한 자와하를랄 네루(Jawaharlal Nehru)에게 동양을 방문하라고 권한 말에서도 드러났다. "인도의 위대한 깨달음은 산과 사막을 가로질렀고, 영광스러운 그 문화가 저 먼 대륙에 미쳤으며 아시아에도 영구한 흔적을 남겼습니다. 내가 중국, 일본, 시암, 자바, 발리를 방문했을 때 우리 문화의 영적 교류가 오늘날까지 존속하는 걸 보고 크게 놀랐습니다. 인도의 젊은 메신저인 그대가 아시아의 통합에 역사적 힘을 줄 것이며 우리 동양인들의 새로운 이해를 촉발할 것이라고 희망합니다."[32]

자와하를랄 네루

## 3. 동남아, 독창적인 문화

1924년 중국에 가는 길에 말라야와 싱가포르에 잠시 머물렀던 타고르는 동남아 여행을 시작한 직후 7월 24일 싱가포르의 인도협회에서 가진 강연에서 "이곳의 원주민은 후진적이고 야만적이었으나 인도에서 온 문명을 받아들였다. 1500~2000년 전 우리 조상들이 이 땅에 왔다. 물론 무역을 위해 이곳에 왔으나 정신이 충만한 그들은 무엇을 주려고 여기에 왔다. […] 인도인은 말레이와 섬 지방에서 위대한 문명을 건설했다. 원주민을 억압하지 않고 형처럼 그들이 자신과 잠재력을 찾도록 인도하면서 맏형처럼 그들을 붙잡아주었다"라고 인도가 동남아에 준 일방적인 영향을 언급하였다.

물론 타고르는 인도의 사회, 문화가 동남아로 단순하게 이전된 것이 아니라 동남아의 여러 지역에서 보다 복잡한 과정을 거치며 발전했다는 입장을 보였다. 동남아로 떠나기 전날, 그를 지지하는 벵골인들이 캘커타에서 조직한 대인도회(Greater India Society)는 동남아에 남아 있는 역사자료를 모아서 이 분야의 연구를 촉진하기로 결의하였다. 이 모임은 고대 인도의 위대성을 발견하려는 모임이었다. 그들이 사용한 '동남아의 식민화'는 인도 민족주의 사가들에 의해 인도가 동남아에 준 일방적인 '선물'을 강조한 것으로 문화제국주의적인 입장이 다분하였으나 타고르는 이와 다소 다른 노선이었다.[33]

자바와 발리를 둘러본 타고르는 인도의 영향보다 동남아적인 요소를 강조하였다. 9월 17일 아미야 차크라바티(Amiya Chakravarty)에게 보낸 편지에서 타고르는 인도 대서사시에서 많은 영향을 받은 자바의 『라마야나』와 『마하바라트』가 옛날 인도 문헌의 복제가 아니라 이곳 사람들의 오랜 생각과 상상력이 가미되어 새로워진 형태라고 하여 현지문화의

발리인 무용수(1930), 트로펜박물관 소장(암스테르담)

중요성에 관하여 언급하였다.[34] 또한 이곳 사람들이 힌두의 믿음과 의식에 밀접하게 연계되었으나 (고대 인도에 존재한) 순수한 형태의 힌두교는 볼 수 없으며 이 지방 사람들의 성격에 융합되고 특이한 형태가 되었다고 적었다. 인도와의 차이성에 주목한 것이다.

발리인에게 무용은 자기표현의 수단이라고 칭찬한 타고르는 발리의 무용극이 인도의 『푸라나(*Puranas*)』에서 모티브를 얻었다는 걸 알게 되었다면서 무용과 무용극의 본질은 인도의 것이지만 거기에 다른 것이 융합되었다고 적었다. 타고르는 8월 31일자 편지에서 발리의 무용을 본 소감을 적으면서 "동작은 힌두지만 몸은 말레이인"이라고 하여 본바탕은 현지의 것이고 그에 기초한 춤 동작이 인도에서 온 것이라고 하였다. 현지인의 재능이 좋은 결과를 이룬 것이라고 시인한 것이다. 그는 힌두교가 한창 비옥했던 곳에서 뛰어난 재능을 가진 발리인이 추수를 잘한 셈이며, 오랜 시간 속에 사라지고 끊어진 실[絲]을 현지인의 정신이 잘 이어준 것으로 외부의 것을 변용한 동남아의 능력을 긍정적으로 판단하

였다.[35)]

발리에서 장례식을 지켜본 과정을 편지에 길게 적은 타고르는 장례식의 정수는 인도의 것과 다르지만 태도는 인도인과 비슷하다고 말했다. 초연하게 앉아서 종을 울리며 성전의 글귀를 암송하며 의식을 집전하는 브라만들의 모습을 보면서 그들이 인도의 브라만과 달리 몸에 성스러운 실을 두르지 않은 것에 주목하였다. 타고르에게 이야기를 전해준 현지의 학자는 한때 그곳 사람들은 힌두교의 모든 것 - 신과 여신, 관습과 풍습, 의식과 의례, 경전과 『푸라나』까지 - 을 따라했다고 전했다. 그러나 세월이 흐르면서 힌두교의 원전은 사라지고 그 자리에 현지인의 신과 여신, 관습과 풍습 등이 채워졌다.

발리인들의 종교와 사회제도는 힌두문화의 조각으로 구성되었다고 적은 타고르는 그들이 대개 시바를 숭배하며 두르가 여신은 받들지만 희생(犧牲)을 받아들이는 칼리 여신은 숭배하지 않는다고 하였다. 여신에게 동물희생을 바치지 않는 특징이 인도, 특히 벵골 지방과 다르다고 지적하였다. 신에게 공양을 바치지 않는 점이 인도와 매우 다른 것으로, 『푸라나』의 이야기와 의식(儀式)이 현지인들과 조화를 이루고 있다고 적었다. 인도에서 멀리 떨어져 수세기를 보내는 동안 인도의 것이 남아 있지만 현지의 문화와 융합되어 창조적으로 변용되었다는 그의 통찰은 시대를 앞선 것이다.

"보이는 것은 모두 인도의 것이나 다시 보면 인도는 없다"라고 말한 것으로 알려진 타고르는 자바에서 『마하바라트』에 근거를 둔 무용의 일부 이야기는 인도의 원전에서 본 적이 없다고 하였다. 그는 인도와의 차이를 적고 자바의 무용을 호의적으로 평가하면서 동남아의 독창적인 문화를 강조하였다. 자바에서 발견된 『라마야나』와 『마하바라트』가 벵골 지방에서 발견되는 산스크리트 서사시와 달랐다. 인도에 다녀온 자바인

그림자극

과 자바에 온 인도인이 전해준 이야기에 근거를 두었다는 현지 승려들의 이야기를 전해 듣고는 그러한 차이는 지방마다 다양한 버전이 존재하는 인도의 영향을 받은 것이라고 결론지었다.[36)]

그는 『라마야나』와 『마하바라트』를 현지화하고 『푸라나』를 무용극의 소재로 채용하며 힌두의 정서와 윤리를 무슬림들의 무역활동에 원용하는 자바인의 능력을 인정하였다. 특히 『라마야나』의 주인공인 라마와 시타가 원전과 달리 남매로 바뀐 것에 주목하였다. 힌두교의 성서가 인정할 수 없는 것, 즉 오누이인 라마(Rama)와 시타(Sita)가 서로 결혼하는 동남아의 『라마야나』가 원전일 수도 있다고 말하면서 그러한 변용은 시타를 적(敵)인 라바나(Ravana)로부터 구하기 위해서라고 나름의 해석을 적었다.

타고르는 자바에서 동남아 자바와 발리인이 인도 문화를 창조적으로 변용한 점에 주목하였다. 그는 특히 자바의 무용과 그림자극 등 공연예술의 독특한 현지문화에 감동을 받았다. 아들 라틴드라나트 타고르(Ratindranath Tagore)에게 보낸 9월 7일자 편지에서 발리인의 무용은 자기표현의 수단이라면서 코코넛 잎이 바람에 날리는 것과 비슷한 무용수의 동작을 칭송한 타고르는 『라마야나』와 『마하바라트』의 이야기를 살아 있게 만든 자바 무용이 완벽할 수 있는 것은 자바인의 독창성이 가미되었기 때문이라고 거듭 확인하였다.[37] 오랫동안 서양의 물질문화와 대적할 수 있는 동양의 '영적 문화'와 그 우수성을 설파해온 타고르는 자바의 독창적 문화를 영적이라고까지 극찬하였다.

> 그들이 추구하는 것은 의미가 아닌 내적 만족이다. 어떤 네덜란드 학자가 말하길 이들은 숭배의식의 종교적 의미를 개의치 않는다. 그들이 좇는 것은 본질이다. 이는 그들이 나름의 완전한 미의 개념을 갖고 있고, 그것에 맞는 외적 공연이 그것에서 반응을 불러내고 거기에 기쁨을 준다고 설명할 수 있다. 그 기쁨은 영적이라고 부를 수 있다.[38]

타고르는 발리와 자바에서 무용수와 여성들의 옷차림, 장신구가 아잔타 석굴의 벽화에 있는 것과 똑같은 것을 보고 장식이 많지 않은 옷차림이 우아하고 단정하며 주변 환경과 어울린다고 하여 인도와 달리 옷과 장신구가 단출한 것을 칭송하였다. 그는 또한 무용을 반주하는 말라야의 악기가, 유치한 수준인 인도 악기와 달리 위엄이 있고 다양하다며 긍정적으로 평가하고, 인도 음악과 차이가 나는 자바와 발리의 음악에 대해서도 호의적으로 언급하였다.

자바에서 『푸라나』에 바탕을 둔 그림자극을 관람한 타고르는 시끄럽거나 흐트러짐이 없는 현지 관객의 질서정연한 관람태도에 감탄하면서 그들의 내적 규율이 마치 일본인과 비슷하다고 칭찬하였다.[39] 그는 발리에서도 관중의 자기규율에 감동한 적이 있었다. 왕궁에서 열린 공연을 일반대중에게 개방하였는데, 일반인의 관람태도가 너무 훌륭하다고 기록하였다. 자신의 고향 캘커타 극장에서는 관객들이 잡담하고 웃음을 터뜨리는 등 소란스러운 분위기인 점에 대해서 인색한 평가를 내렸다.

타고르는 카랑아셈에서 고향의 마리 데비에게 보낸 편지에 힌두 대서사시 『마하바라트』에서 큰 영향을 받은 발리인들이 그 주인공인 아르주나를 이상적인 인간으로 여긴다고 적었다. 이야기가 인도의 오리지널과 달리 변용되었다는 것이다. 『마하바라트』의 일부인 『바가바드기타(Bhagavad Gita)』에 나오는 시칸디가 발리에서는 여성인 스리칸티(Sri Kanti), 곧 아르주나의 아내로 바뀐 점을 언급하고, 비스마를 죽이는 데 도움을 준 스리칸티가 이상적인 여성으로 여겨진다고도 하였다. 그는 또한 발리의 『마하바라트』와 『푸라나』에서 원전의 일부 장이 빠졌음을 지적하면서 인도와 다른 동남아를 재확인하였다.[40]

타고르는 자신들의 종교를 '아감(Agam)'이라고 부르는 발리의 힌두들이 치르는 장례식을 보고 인도와 다른 관습과 의식을 길게 적었다. 발리의 장례식 비용이 엄청나서 때로 5만 루피가 든다고 적고, 과도한 장식과 음악은 중국인의 장례식과 비슷하지만 베다의 시구를 암송하고 화장(火葬)하는 방식은 힌두의 장례를 닮았다고 하여 두 문화의 절충적인 형태의 발리 문화를 소개했다. '아감'이 '밖에서 온'이라는 의미인 것처럼 발리 사람들은 화장을 하지만 몇 년 간 시체를 그대로 두는 경우도 많아서 마치 매장과 같은 상태로 두는 것에 대해 화장과 매장이 절충된 독특한 문화라고 하였다.

타고르는 또한 동생이 먼저 죽으면 형들이 모두 죽을 때까지 기다렸다가 장례를 치르는 풍습을 언급하고, 여러 마을에 흩어져 살던 수많은

프람바난 힌두사원

사람들이 참여하여 죽은 자에게 존경을 표시하며 제물을 바치고 긴 행진이 진행되는 동안 음악이 연주되는 등 장례식이 축제의 축소판이라고 적었다. 타고르는 이곳의 장례식에 들어가는 비용이 과시를 위한 것인 반면에 힌두의 장례식에 드는 돈은 죽은 영혼이 해방되는 데 쓰이는 점이 다르다고 비교하여 모처럼 인도 관습에 비교우위의 평을 내렸다. 그는 장례식에 많은 사람들이 모였지만 큰 소리를 내거나 싸움이 나지 않는 점에 주목했다.

타고르가 동남아의 독창성을 발견한 것은 무용이나 문학의 분야만은 아니었다. 자바를 지배하는 네덜란드 정부가 복원작업을 하는 프람바난 힌두사원을 방문하고 그 테라스의 외벽에 『라마야나』의 이야기들이 조각된 것을 목도한 타고르는 거기에 새겨진 내용이 인도의 대서사시에는 없는 새로운 이야기라고 적었다. 크리슈나의 이야기를 묘사한 조각상에서도 인도의 『바가바드기타』의 원전에 나오지 않는 장면이 포함되었고, 인도에 알려지지 않은 『푸라나』 방식의 이야기들도 많이 조각되었다는 사실을 인지한 타고르는 자바의 문화적 독창성을 분명하게 인정하였다.

## 4. 맺음말: 타고르의 동남아

> 버나드 쇼(Bernard Shaw)가 말하는 동안에 타고르는 꿈을 꾼다. 타고르가 꿈을 꾸는 걸 좋아하듯이 쇼는 말하는 걸 좋아한다. 그들은 둘이 같이 있을 때 가장 행복하다.[41)]

꿈을 꾸는 데 만족하지 않고 세계를 여행하며 서구인에게 '말하는 걸 좋아한' 동양의 타고르는 '우월한 서구'의 신화를 깨는 데 기여했으나, 고대 인도로 연결되는 동남아와 나아가 동양의 유사성을 강조하고 서양과의 차이성을 역설하여 서구와 동양의 차이를 강화하는 결과를 낳았다. "개인주의적이거나 이기적이지 않은 동양은 기계적 방식이 아닌 진정한 연민의 정신으로 연합해야 한다"라는 발언에서 드러나듯이 타고르가 말하는 아시아의 연합은 동양과 서양이 타자일 때만 가능하기 때문이다.[42)]

타고르의 편지와 여행기, 시에서 드러나는 1927년 타고르의 동남아는 거울 속의 자신을 바라보는 것이나 다름없었다. 동남아라는 거울을 통해 자기를 정의하고, 그곳에 있는 인도 문화의 현존을 통해 자기 위상을 확인한 것이다. "동양이 서구를 모방해야 한다고 말하는 사람이 있다. 나는 그렇게 생각하지 않는다"라고 말하거나 1924년 중국에서 유럽의 관행을 모방하고 유럽인의 옷을 입는 것이 근대가 아니라면서 "서구화와 근대화를 혼동하지 말라. 서구적인 것이 모두 근대적인 건 아니다. 서구적인 것을 무비판적으로 수용하지 말라"고 주문한 타고르가 동남아에서 근대보다 인도의 고대를 확인하고 기뻐한 것은 당연했다.[43]

그럼에도 1927년의 타고르는 오늘날 동남아로 불리는 지리적 영역을 하나의 지역으로 어렴풋이 상상한 점에서 선구적인 관점을 가지고 있었다. 그에게 그곳은 고대 인도의 종교와 문화, 현재 인도인이 머무는 곳이라는 동질성을 가진 하나의 지역이었다. 타고르는 조르주 세대스가 1944년 '동남아의 인도화'라는 이론을 내세우며 '인도 너머'를 주장하기 이전에 인도 문화로 연결되는 하나의 지역을 상상하였던 것이다.[44] 타고르는 동남아에서 인도 문화의 현존을 목도하고 그가 그동안 주창한 '아시아는 하나'를 재확인할 수 있었다.

"우리는 봄베이, 마드라스, 펀자브 지방이 가까워지길 바라듯 인도의 과거에 대한 올바른 지식을 갖고 우리 자신을 충분히 깨닫고 시간과 공간 속에 존재하는 우리의 정체성을 이해하고 싶은 것이다"[45]라는 발언에서 알 수 있듯이 타고르는 과거를 통해 오늘날의 시공간을 이해하였다. 그런 그에게 고대 인도의 살아 있는 박물관인 동남아는 그가 주장해온 '인도 종교와 문화로 연결된 하나의 아시아'와 '문화를 통한 동서양의 연합'을 재확인하는 기회를 제공하였다.

아시아 국가 간의 우호관계를 확립하고 고대에 이뤄진 친선을 회복하는 문화적 사명을 의식한 타고르가 1927년 상상한 동남아는 열세인 아시아가 서구를 이길 수 있는 유일한 시대인 고대를 통해 연계되었다. 그는 이 여행에서 힌두교와 불교를 통한 '금사(金絲)'와 같은 인도와 동남아 간의 문화적 친족관계와 고대의 유대관계를 확인하고, 잃어버린 그 유대관계를 회복하고 싶어 했다. 아시아를 하나로 묶는 것은 문화라는 사실도 다시금 깨달았다.

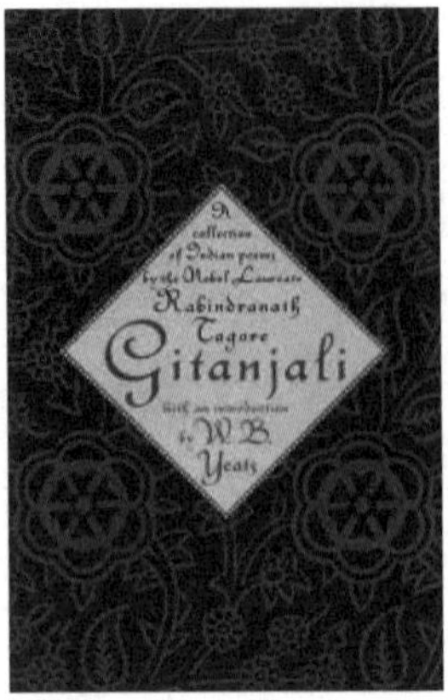

기탄잘리

그가 강조한 고대의 동양, 고대의 아시아는 질긴 물질주의와 서구 제국주의의 압제가 미치지 않는 안전지대이자 폭력과 갈등이 난무하는 위험한 근대적 공간으로부터 자유로운 시대였다. 그곳은 또한 타고르가 『기탄잘리(*Gitanjali*)』에서 노래한 "마음에 공포가 없고 머리를 높이 쳐드는 곳, 지식이 자유로운 곳, 세상이 좁은 담벼락으로 분리되지 않는 곳"이었다. 타고르는 그런 관점으로 1927년의 동남아를 인식하였다.

타고르는 동남아를 인도 고대 문화로 연결되는 하나의 세계로 인식한 한편 고대 인도와 동남아의 문화적 차이를 통찰하고 후자의 독창성에 주목하였다. "통일성이 통합은 아니다"라고 말한 적이 있는 타고르는 동남아의 문화를 인도와 닮았으나 닮지 않은 독창적인 문화권으로 인정하였다. 이는 1960년대 초에 반 로이어(Van Leur)가 외부 문명이 동남아에 끼친 영향이 과장되었으며 토착적인 기반 위에 외부 문화가 피상적으로 덧입혀졌다고 하여 지역의 독창성을 주장한 것보다 훨씬 이전에 그 중요성을 인식하였다는 점에서 주목할 만하다.[46] 결국 1927년 타고르의 여행은 동남아를 하나의 지역이자 특수한 문화권으로 인지한 점에서 시대를 앞서갔다.

# 6. 동남아를 보는 중국의 '식민주의적' 시각

— 1920~30년대 여행기를 통해 본 중국인의 '남양(南洋)' 인식

글쓴이 _ 박경석

중국과 동남아시아는 2천 년 넘게 깊은 관계를 맺어 왔고, 동남아에 대한 중국의 관심은 역사적으로 매우 오래되었다.[1] 진한(秦漢) 이래 베트남 지역을 중심으로 관계가 형성되기 시작하여, 한무제(漢武帝)가 기원전 111년 남베트 지역에 한칠군(漢七郡)을 설치한 이래 939년까지 1000년이 넘는 기간 동안 중국이 이 지역을 지배하였다. 중국에 불교가 발전하면서부터 승려의 여행을 중심으로 많은 문화교류가 이루어졌고, 바닷길을 통한 교역이 장기간에 걸쳐 지속적으로 이어졌다. 이런 가운데 중국 상인들이 무역활동에 적극적으로 종사하면서 동남아 현지에 눌러 살거나, 정치적 망명자나 범죄인, 난민들이 집단적으로 이주하여 정착하는 등, 동남아에 화인사회(華人社會)가 형성되었다. 명조(明朝)의 해금정책(海禁政策)에도 불구하고 해상무역 없이는 살 수 없는 상황이었기 때문에 조공무역체제를 기틀로 15~17세기에 걸쳐 동남아 해상무역은 더욱 확대되었다. 이런 가운데 유럽 세력이 신항로 개척을 통해 동서 교

---

* 이 글은 『중국근현대사연구』 제48집(2010.12)에 동일 제목으로 실린 원고를 단행본에 맞게 수정한 것이다.

류의 새로운 주역으로 등장하였고, 이는 세계사에 지대한 영향을 끼쳤을 뿐만 아니라, 중국과 동남아의 관계에도 큰 영향을 끼쳤다. 특히 19세기 서구 식민주의의 동남아 지배는 중국과 동남아, 화교사회에 새로운 전기가 되었다.[2)]

중국과 동남아의 관계는 대개 중국 대 동남아와 같이 거대 단위의 관계로서 논의되기 마련이었고, 대개는 거시적인 차원에서 접근이 이루어졌다.[3)] 상호 인식을 다루려 했던 연구도 결국에는 거대 단위 간의 '관계'로 귀속되는 경향을 보인다.[4)] 이런 거대담론의 차원에서 본 동남아는 '제3세계', '주변부', '약소국', '식민지'로 치부될 수밖에 없다. 그러나 매년 조사된바 최고의 '행복지수'를 보이는 것처럼 동남아의 진정한 힘은 오히려 미시적인 측면에서 빛을 발할 수 있다. 동남아의 '진면목'을 '발견'하려면 거시적 차원에서의 접근만으로는 안 된다.[5)]

여행은 여행자가 '개인'적으로 '보고 듣고 느끼는' 구체적인 경험이 동반되기 때문에, 일단 거시적 또는 정론적(政論的) 접근에서 벗어나 일부 미시적 차원의 접근이 가능할 수 있다. 또한 여행은 일상적으로 거주하던 지역을 벗어나 경계를 넘어서는 것을 수반하므로 그 경계의 건너편에 존재하는 타지와 타인을 만나게 된다. 그리고 여행기는 타자를 객체로 하여 자기의 생각을 기록한다. 그래서 여행기는 미시적 차원에서, 공간 이동을 매개로 형성된 타자에 대한 인식을 발견하기에 유용하다. 저자는 이런 여행기의 특성을 중국인의 동남아 인식에 적용함으로써 여행을 '다른 세계를 인식하는 중요한 방식 중의 하나로' 활용하고자 한다.

구체적으로 1920~30년대 중국인이 남양(南洋)[6)] 지역을 여행하고 쓴 여러 편의 여행기를 분석하여, 그 안에 내재해 있는 여행자의 시선 내지 시각의 구조와 특징을 고찰한다. 이를 통해 근현대 중국인의 눈에 동남아가 어떻게 비쳤는지를 살펴보려는 것이다.

중국의 동남아에 대한 인식 문제는 근대 이후 중국과 아시아의 관계, 아시아에 대한 중국의 인식 문제와도 연관되어 있다. 이와 관련하여 근대 이후 중국이 여전히 자기중심적 관념을 유지했다는 점에는 대체로 공감하는 듯하다. 이를 두고 중국의 역사적 경험에는 아시아에 대한 수평적 사고가 결여되어 있다는 점이 지적되기도 했다.[7] 이런 중국의 자기중심적 사고를 보는 견해는 폭넓은 스펙트럼을 가지고 있는데, 또 다른 극단에서 근대 중국의 '식민주의적 성격'에 주목하는 관점을 만나게 된다. 예를 들면 1990년대 이후 이른바 '신청사(新淸史, New Qing History)'라 불리는 연구 경향은 한족(漢族) 중심의 민족주의 역사 서술을 비판하면서, 만주족 청제국(淸帝國)의 식민주의적 성격이 현대 중국의 변경 지배에까지 이어졌다고 강조했다.[8] 이렇게 보면, 근대 중국은 결코 제국주의의 압박에 저항하는 국가로서의 면모만 갖고 있는 것이 아니었다. 또 다른 층위, 즉 주변의 약소국가나 약소민족의 입장에서 볼 때 중국은 압박을 가하는 존재이기도 했다.

그렇다면 중국은 주변의 약소민족에 대해 어떤 인식을 가졌을까. '식민주의적 인식'을 가졌다면 이를 어떻게 평가할 수 있을까. 중국인 여행자의 남양에 대한 시선을 통해 이런 큰 주제를 해명하는 데에 작으나마 보탬이 될 수 있기를 기대한다.

구체적으로 1절에서는 분석대상으로 삼은 1920~30년대 '남양 여행기'와 여행자들, 그리고 그들의 여행 동기 등을 소개한다. 이는 이후 여행자의 시선이나 인식을 이해하기 위한 배경이 된다. 2절부터는 여행자가 주로 어디에 시선을 두었는지를 본격적으로 살펴본다. 후술하겠지만, 여행자들의 시선은 주로 화교에 쏠리는데, 화교를 보는 '식민주의적' 시각에 주목하여 그 양태를 상세히 살펴볼 것이다. 하지만 여행자의 관심이 화교에 집중되었다 하더라도, 경계를 넘는다는 여행의 특성상 타지와 타인을 만나지 않을 수 없었고, '토인(土人)'이라 표현되는 원주민에 대한 인상 내지 인식이 여행기에 서술되지 않을 수 없었다. 3절에서는 여행자의 눈에 '토인'이 어떻게 비쳤는지를 살펴볼 것이다.

## 1. 1920~30년대 '남양(南洋) 여행기'와 남양 여행

저자는 자료조사를 통해 근대 이후 중국인이 동남아를 다녀와 쓴 여행기를 여러 편 확인할 수 있었다.[9] 미주 목록에서 보듯이, '남양 여행기'는 모두 1920년대와 1930년대에 걸쳐 출판된 것이다.[10] 당시 약간의 '남양 여행기' 출판 붐이 일었음을 알 수 있다. 그 바탕에는 남양에 대한 사회적 관심이 깔려 있을 것이다. 당시 중국 사회의 남양에 대한 관심이 어떤 것이었는지 그 전모를 밝혀낼 여유는 없다. 다만 여행자의 인적 사항이나 여행의 동기, 여행기를 출판한 이유 등을 밝히면, 남양에 대한 관심의 진상을 살펴보는 데에 작은 실마리라도 제공할 수 있을지도 모른다. 이는 후술하게 될 여행자의 남양 인식을 이해하는 데에도 도움이 될 것이다.

우선 여행자의 인적사항을 살펴보자. 인적사항을 확인할 수 있는 여행자의 당시 신분을 살펴보니 공직자와 교육자가 많다. 량사오원(梁紹文)은 1923년 여행 당시 버마 라시오(Lashio) 주재 중국 영사였다.[11] 가장 저명한 장캉후(江亢虎)는 위안스카이(袁世凱)의 발탁으로 청조와 베이징정부에서 관직을 역임한 바 있는 공직자이자 1911년에 중국 사회당(中國社會党)을 창당했던 정치인이기도 하다. 1922년 9월 상하이에서 남방대학(南方大學)을 창립하여 스스로 교장을 맡고 있던 차에 1923년 주변으로부터 경비를 마련해 남양 각지를 여행했던 것이다.[12] 짜이핑(宰

平)이라는 필명으로 2편의 단편 여행기를 남긴 린즈쥔(林志鈞)은 저명한 시인, 법학자, 철학자이자 신해혁명 이전 일본에 유학했다가 일찍이 베이징정부 사법부 부장을 역임한 바 있다.[13] 줘훙머우(卓宏謀)도 베이징대학 공학원(工學院)을 졸업한 청말 공과거인(工科擧人)으로서 베이징정부에서 철도 관련 공직을 역임하였다.[14] 정젠루(鄭健廬)는 중화서국(中華書局) 홍콩지사의 '경리(經理)'를 역임한 출판인으로서[15] '총경리(總經理)'의 지시에 따라 남양 일대를 시찰하게 된다.

장캉후 (1925년 이전)

근대 이후 중국의 해외여행은 전반적으로 공적 성격 내지 정치성이 강하다는 특성을 보인다. 사적으로 해외여행을 하기에는 아직 제반 여건이 허락하지 않았다. 정부에서 비용을 제공해 파견한 경우가 많았고 정치적 망명가의 해외여행도 중요한 부분을 차지했다. 여행자 중에는 여행 당시 정부 기관에서 일했거나 나중에 정부 기관에서 일하게 되는 사람들이 많았다. 또한 여행기를 남긴 사람들 가운데에는 학자, 교육자, 언론인, 출판인 등 문필 활동에 종사하던 사람들이 많았다. 이들은 아무래도 '세상 걱정', '나라 걱정'을 많이 해야 했고, 이런 성향이 그들의 여행기에 반영됨으로써 애초부터 여행기가 여행의 감상이 아니라 '나라 걱정'으로 점철될 개연성이 높았다.[16]

남양의 경우에도 이런 경향은 기본적으로 다르지 않았다. 다만 중고등 교사가 상대적으로 많다. 류쉰위(劉薰宇), 왕즈청(王志成), 롼어저우(阮鵝洲) 여사, 궁푸(功溥) 등은 모두 중국 내지에서 교편을 잡고 있다가 싱가포르 화교학교의 초빙에 응하여 일정 기간 남양에 살게 된 경우였다. 이는 중화민국 성립 이후 화교 교육이 매우 중시되고 정부의 적극적

1900년경 중국 전장(鎭江)의 쿨리

인 지원이 제도화된 것과 맥락을 같이한다.[17]

그렇다면 이들은 왜 많은 비용과 시간, 수고를 들여 남양까지 여행하였고, 왜 여행기를 출판하였나?

무엇보다 남양 화교의 급증에 따라 남양에 대한 사회적 관심이 높아졌기 때문이다. 남양에 대한 관심이 높아진 이유가 단순히 이국적인 자연환경이나 풍물, 인정에 이끌린 것만은 아니었다. 19세기 이래 대개 쿨리(coolie)라 불리는 단순노동자들이 전란이나 자연재해로 인한 경제적 압박을 피해 남양 지역으로 대거 이주하였다. 때마침 서구 제국주의 열강이 동남아 식민지 개발을 본격화하면서 많은 노동력이 필요했고, 노예무역이 금지된 상태에서 대규모 중국인 노동자의 이주를 용인했다. 그런데 이들의 남양 이주는 대개 동향이나 친지의 주선으로 이루어진다. 먼저 남양에 이주해 자리를 잡고 있던 사람들이 고향을 방문해 새로운 이주노동자를 모집하는 과정에서 푸젠(福建)이나 광둥(廣東) 등을 중심으로 자연스럽게 남양이 어떤 곳인지를 궁금해 하는 사회적 관심이 생겼다. 게다가 화교가 쑨원(孫文)의 혁명운동을 적극 지원했던 일, 본국의 가족에게 보내는 거액의 송금 등이 긍정적으로 평가되면서 남양에 대한 중국 사회의 관심이 높아졌던 것이다.[18]

여행기 곳곳에서 화교에 대한 깊은 관심을 확인할 수 있고, 여행자들이 남양을 방문하게 된 직접적 계기도 화교와 관련이 깊다. 대개 여행이 화교 지인의 초청, 권유, 안내로 이루어졌다.[19] 이렇게 볼 때, 남양에 대한 관심이 높아진 것은 바로 동남아 화교에 대한 관심이 높아진 것이고, 이들이 동남아로 여행을 떠난 것은 화교가 있었기 때문이었다.

이 밖에 굳이 여행기를 출판한 데에는 중국의 여행기 문학이 크게 융성했던 시대적 조류와 맥락을 같이하기도 하지만,[20] 1920년대 이후 한창 동남아 지역에 침입하기 시작한 일본에 대한 경계심도 크게 작용했다.[21] 또한 남양의 사례를 통해 '구국구망(救國救亡)'의 신념을 일깨우려는 의도가 작용하기도 했다. 예를 들면 장캉후는 서문에서 "특별히 [南洋을] 독자에게 소개하는 것은 행간에 적잖은 망국멸종의 피눈물이 함유되어 있음을 알게 함이다"[22]라고 여행기 집필의 의도를 분명히 밝혔다.

이상에서 살펴보았듯이, 여행자의 신분, 여행의 직접적 계기나 동기, 여행기를 출간한 의도 등을 고려해 볼 때 여행자의 시선이 화교에 쏠리는 것이 매우 자연스럽다. 또한 그들의 시선과 여행기가 근대 이래 중국을 압도했던 '근대 국가 건설' 내지 '구국구망'의 문제에서 자유롭지 못했다. 강한 내셔널리즘의 반영은 근대 중국의 해외여행과 여행기를 규정하는 일반적 특성 중에 하나이기도 하다.[23]

## 2. '화인혈윤(華人血胤)'이 사는 '식민지': '식민주의적' 시각

여행기는 많은 부분이 화교에 대한 것이며, 여행기 곳곳에서 화교에 대한 깊은 관심을 확인할 수 있다. 화교와 아무 관련 없이 남양 자체에 '순수한' 관심을 나타낸 단락이 오히려 훨씬 적다.

예를 들면 장캉후의 여행기는 151개의 단락 중에 직접 화교를 다룬 것이 69건(45.7%)으로 가장 많고, 원주민에 대한 것이 36건(23.8%)으로 그다음이다. 화교와 원주민, 서구 열강의 식민 통치가 모두 관련되어 있는 단락이 27건(17.9%)이고, 나머지 19건(12.6%)은 순전히 여정 중의 소소한 일을 기록하고 있다. 전적으로 화교를 다룬 단락이 절반에 육박하고 있고, 조금이라도 화교가 결부되어 있는 것까지 합치면 절대 다수를 차지한다. 다른 여행기를 보아도 이런 사정은 크게 다르지 않다.

여행자의 시선이 화교에 쏠렸던 것은 매우 자연스럽다. 사실상 화교에 관심을 집중할 수밖에 없었고, 남양 자체에 대해서는 오히려 관심을 가질 여력이 적었다. 대개가 화교의 초청으로 방문했고, 그렇지 않더라도 화교의 안내를 받으면서 여행했다. 자연히 화교와 관련된 곳을 많이 방문할 수밖에 없었다. 게다가 여행 목적이 바로 화교 상황을 참관하거나 조사하는 것이기도 했다. 해외여행자들이 내셔널리즘에 강하게 기울어 있었던 당시의 경향도 더욱더 화교에 대해 관심을 가지게 만들었다.

### 1) 남양을 보는 '식민주의적' 시각

화교의 생업과 경제상황, 출신지역, 교육, 국가의식 등에 대한 일반적인 서술 이외에, 중국인 여행자의 남양 화교 내지 남양 전체에 대한 인식의 가장 두드러진 특징은 여행기 전반에 '식민주의적' 시각이 상당 정도 내포되어 있다는 점이다.

> 중국인이 말레이에 온 것은 현재 말레이를 통치하고 있는 영국인보다 훨씬 이르다. 말레이반도의 개간이 전적으로 **중국인 덕택이라는** 사실은 누구라도 인정한다. 만약 중국인이 없었더라면 말레이반도에 오늘날과 같은 성황은 없었다. 미주(美洲)는 유럽에서 온 사람이 완전히 경영하는데, 이곳은 [왜 중국에서 건너온 사람이 완전히 경영하지 않는지] 의문이 아닐 수 없다.[24] (강조는 저자)

유럽 이주민이 북미 대륙을 개척한 것처럼 중국에서 건너간 화교가 남양을 개척했고, 유럽인이 미주 대륙을 경영하고 있듯이 남양도 응당 화교가 경영해야 한다는 뜻이다. 류쉰위에게 화교는 식민 개척자이고 남양은 개척된 식민지이다.

이런 인식은 장캉후의 여행기에 들어 있는, "셰아라이(葉阿來)라는 후이저우(惠州) 사람이 쿠알라룸푸르에 들어와 **토인을 몰아내고 이 지역을 차지했으며**, 말레이 왕실에 내홍이 일어나자 반란을 평정하고 **권력을 장악했다**"라는 「셰아라이(葉阿來) 이야기」[25]에서도 잘 나타난다. 셰아라이에 대해서는 량사오원도 상세히 언급하고 있다.[26]

셰아라이는 량치차오(梁啓超)의 『중국식민팔대위인전(中國殖民八大偉人傳)』에도 등장하는 인물로, 당시 대표적인 '남양 식민 개척자'로 인식되고 있었던 인물이었다. 1905년 『신민총보(新民叢報)』 제63기에 게재되어 '화교 = 식민(殖民)' 개념의 정립에 토대가 되었던 『중국식민팔대위인전』은 이후 후사오난(胡紹南), 리창푸(李長傅) 등의 화교 연구에 의해 계승되면서[27] 남양 인식의 한 흐름을 형성하였다. 말하자면, 화교라는 존재를 통해 남양이 역사적으로 중국의 식민지였음을 강조하려는 것이다. 이는 당시 중국이 서구 제국주의로부터 받던 억압을 동남아에 대한 억압으로 전이하려는 심리적 욕구에 기인하는 것으로 볼 수 있다.[28] 당시 중국 사회에 내재해 있던 이런 남양 인식이 여행기에 그대로 반영되어 있다.

이외에도 여행기에는 '식민주의적' 인식의 편린들이 줄기차게 나타난다. 특히 장캉후의 여행기에는 '화인혈윤(華人血胤)', '화인혈예(華人血裔)'라는 제목의 단락이 등장하는데, 동남아 지역에서 헤게모니를 장악했던 또는 장악하고 있는 사람들 중에 알고 보면 화인(華人)의 후예가 많다는 내용이다. '화인혈윤'은 말 그대로 하면 중국인(華人)의 피를 이어받은 후예라는 의미이지만, 이 말 자체가 '식민주의적' 담론임을 알 수 있다. 말하자면, 현재 남양 지역을 경영하는 주체가 다름 아닌 중국인 식민 개척자, 즉 '화인'의 후예이지만, 그들이 자신의 정체성을 명확히 알지 못해 애석하다는 것이다. 이런 독특한 '식민주의적' 시각은 여행기에서 자주 발견된다.

> [어떤] 행사에서 [태국의] 고위인사들을 만났는데 용모가 우리와 비슷했다. 그래서 물으니 화인의 자손임을 스스로 인정했다.[29] (강조는 저자)
>
> 황량한 이곳에 [서구인보다] 먼저 와서 토착민에게 경작, 공예 지식을 가르친 자가 화인이다.[30]
>
> 중국과 필리핀은 거리도 가깝고 일찍부터 교통했다. 필리핀인은 다수가 화인의 후예임에도 화인은 필리핀을 잘 모르고, 필리핀인은 중국을 잘 모른다. 참으로 애석하다.[31]
>
> 시암과 필리핀의 상류 사회, 정계와 교육계는 8~9할을 화인의 후예가 차지하고 있다. […] 애국 영웅 리잘(Rizal)박사도 화인의 자손이다.

독립당의 영수이자 하원의장, 최고의 부호이자 자선사업가도 화인의 자손이다. 모두가 매우 분명하여 실증할 수 있다.[32] (강조는 저자)

이상에서 보듯이, 여행기에서 화인의 남양 이주는 식민 개척이고 남양은 본래 중국의 '식민지'였다. 한마디로 남양은 '화인혈윤'이 사는, 그래서 화교를 매개로 구현되어 있는 중국의 '식민지'이다.

### 2) '식민주의적' 시각의 다양한 양태

여행기에서 '식민주의적' 시각은 여러 가지 양태로 나타난다. 여러 양태를 관통하는 주된 특징은 동남아에 대한 식민 통치를 자연스런 현실이나 당연한 과정으로 여긴다는 점이다. 이런 인식은 여행기 전반에 깔려 있는데 구체적으로 다음 몇 가지로 구분해 볼 수 있다.

첫째, '미개한 토인 - 화인의 이주 - 서구인의 식민'으로 이어지는 역사 관념이 매우 뚜렷하다. 예를 들어 본다.

> 필리핀인은 본래 말레이 인종인데, 크고 작은 섬 3천여 개에 1백여 개의 부락으로 나뉘어 살았다. 언어와 풍속이 모두 달랐다. 중국과 가장 일찍 교류했다. 취안장(泉漳)에서 이식되어 온 자가 헤아릴 수 없이 많다. 원주민과 통혼하여 잡거하게 되고 비로소 문화가 점차 발전하기 시작하였다. 농공상업은 모두 화인이 장악했다. 15세기에 이르러 스페인이 침략했다. 화인과 서양인이 여러 번 충돌했으나, 화인은 정부의 후원이 없어 서양인을 저지하지 못했다. 서양인이 정부를 세우고 가톨릭을 전했다. 역시 원주민과 통혼하여 잡거했다. 여러 번 화공(華工)의 이주를 금지했으나 멸하지는 못했다.[33]

중부 자바의 살라티가에서 열린 화교 결혼식(1918), 트로펜박물관 소장(암스테르담)

> 토지는 말레이, 인민은 한족, 주권은 영국, 미국, 네덜란드, 프랑스 등에 있다.[34)]
>
> 영국, 프랑스, 네덜란드, 미국, 일본인이 남양에 식민하니, 굴러 온 돌이 박힌 돌을 빼내는[後來居上] 격이다.[35)] (강조는 저자)

이처럼 여러 여행자들은 화인의 이주와 서구의 식민을 같은 맥락에서 이해하곤 했다. 대개는 화교(중국)가 서구와 경쟁해서 실패하는 것으로 서술된다. 동남아 지역을 '식민 지배를 둘러싼 중국과 서구 제국주의의 각축장'으로 파악하려는 시각이 뚜렷하다. 여기에는 화인의 이주와 같은 차원에 있는 서구의 식민주의를 긍정하는 측면과 남양의 원주민을 역사의 주체에서 제외시켜 부차적인 존재로 인식하는 입장이 함께 내포되어 있다. 서구의 식민주의 인식 틀과 거의 같은 맥락이다.

마닐라(1899)

둘째, '식민지 근대화'의 구체적인 성과들에 많은 관심을 가졌고 긍정적으로 평가하였다. 우선 장캉후는 여행기의 「총평」에서 이런 평가를 분명하게 언급하고 있다.

> 남양 각 지역에서 제일 먼저 사람을 감탄하게 하는 일은 도로행정이 투명하고, 교통이 편리하다는 것이다. […] 화인이 이민 온 수백 년 동안에는 진보가 없었으나, 서양인이 이식되어 온 수십 년 동안에 대성공을 거두었다.[36] (강조는 저자)

필리핀은 '식민지 근대화'의 성공적인 사례로서 가장 자주 언급되었다. "필리핀은 미국에 속한 후에 미국이 열심히 경영함에 따라 상업이 날로 번성해져 동방의 뉴욕이라는 소리를 듣게 되었다"[37]라고 하였다. 특히 교육의 발전과 관련해서는 극찬이 이어졌다.

> 미국이 25년 동안 통치한 성과는 엄청나다. 물질문명의 진보에 그치지 않고 정치와 교육에서 필리핀인의 자발 정신을 양성하고, 그 인격

과 수준을 제고했다.[38]

> 지금은 여러 통상 항구가 시장으로 번성하고, 아이들은 취학 연령이 되면 모두 해당 교육을 받는다. 각 향촌과 주부(州府, Province)에도 교육이 거의 보편적으로 보급되었다. [⋯] 구미로 유학을 갈 수도 있다. 한 나라의 성쇠는 교육에 달려 있다. 필리핀은 작은 섬일 뿐인데 **이처럼 발달한 것은 미국인이 유도하고 도운 공덕이 아니겠는가?**[39] (강조는 저자)

필리핀 이외에서도 이런 서술을 꽤 찾아볼 수 있다. 예를 들어 버마의 "정치는 영국정부가 독단하지만, 물질문명에는 많은 진보가 있었다"[40]고 하였고, 태국의 "왕성대로(王城大路)는 널찍하고 가로수가 우산처럼 펼쳐져 있어 볼 만하다. 파리 방식의 건축을 모방하였다"[41]라고 하였다. 네덜란드가 통치한 자바를 여행하면서는, 자동차 · 전차 · 철도 등 사통팔달의 교통체계, 치밀하고 견고한 수리시설을 언급하면서, "우리나라는 서양인의 식민지만도 못하다"라고 한탄하였다.[42] '식민지 근대화'로 인한 성과가 부러움을 사고 있는 장면이다.

사실 '근대화'는 근대중국 해외여행자의 주요 관심사 중에 하나였다. 그들에게 여행은 '중국이라는 나라(Nation)'에 뭔가 보탬이 되어야 하고 여행지는 무엇인가 배워야 할 점을 찾아내야 하는 대상이 된다. 여행이 다른 영역과 마찬가지로 내셔널리즘에 압도되어 있기 때문에 나타나는 현상이다. 당시 여행자에게 배워 보탬이 될 만한 것은 구체적으로 '근대화'에 소용이 있는 지식과 정보, 교훈이었다.[43] 당시 남양 여행에서 주목받은 것도 '근대'였다. 원래 모습의 전통적인 남양에는 관심이 적었다. 일례로 방문지를 보아도, 화교 학교나 화교 언론사 등 화교와 관련된 것

1919년 싱가포르에 개교한 동남아 최초의 화교 중등교육기관 건물(Teo Di Kai, 2004)

을 포함해 근대의 산물이 대부분이다. 쿠알라룸푸르에서는 기차역, 시청 및 관청 건물이 가장 인상적이었고,[44] 필리핀에서 여행자가 참관한 공공기관은 근대와 식민 지배를 상징하는 것들이었다.[45] 페낭섬에서는 시청 청사를 보고 "건물이 놀랄 만큼 아름답다!"[46]라고 감탄해 마지않았다.

셋째, 동남아가 식민지인 것을 매우 자연스런 현실로 여긴다. 예를 들면 남양을 몇 구역으로 나눌 때 영속(英屬, 영국령), 법속(法屬, 프랑스령), 하속(荷屬, 네덜란드령), 미속(美屬, 미국령) 등과 같이 식민 통치의 주체를 기준으로 했다. 당시 남양의 경계는 싱가포르, 말레이반도 및 군도, 버마, 태국(시암), 베트남, 필리핀, 자바 등을 포괄하고 있어 지금의 지리적 경계(중국 이남, 인도 이동, 호주 이북, 남태평양 이서)와 다를 바가 없다. 하지만 당시에도 말레이반도, 인도차이나, '남양군도(南洋群

島)'와 같이 일정 지역을 통칭하는 고유의 지명이 있었음에도 불구하고, 남양 내부를 경계 지을 때는 거의 모든 여행기가 식민 통치의 주체를 기준으로 했다.

넷째, 여행기에서 서구 제국주의가 남양의 여러 지역을 식민화한 것에 대한 불만도 매우 큰데, 이는 물론 남양에 대한 동정이라기보다는 자신의 세력권을 침범한 것, 화교의 권익이 침범당한 것에 대한 반감이다. 이런 반감은 엄격한 출입국 절차에 대한 과도한 불만 표출에서도 잘 드러난다. 여행기에는 여행자 자신이 입국 과정에서 곤욕을 치렀던 경험이 이상하리만치 자주 소개되었다.[47] 그런데 당시는 제1차 세계대전의 영향, 노동자의 불법체류 등의 이유로, 세계적으로 출입국 통제가 강화되던 추세였다.[48] 까다로워진 출입국 절차가 불편하기는 했겠으나, 이들이 이처럼 고통스럽게 느꼈던 것은 어떤 억울함 같은 것을 느꼈기 때문인 것으로 보인다. 말하자면, '서구 열강이 침입해 오지 않았더라면 아무 거리낌 없이 드나들 수 있는 곳을 이제 입국을 위해 괴로운 절차를 거쳐야 하는구나!'라는 불만이다. 이렇게 본다면, 여러 여행기에서 나타나는 출입국 통제에 대한 지나친 반감은 남양에 대한 '식민주의적' 시각과 밀접히 관련되어 있음을 알 수 있다.

이상과 같이, 여행기에 나타나는 '식민주의적' 시각은 이중적이라는 특성을 갖는다. 서구 제국주의 압박을 받는 처지에서 식민주의에 반대해야 하는 입장임에도 불구하고, 동남아에 대해서는 역으로 '식민주의적' 시각을 가지고 있다. 이런 이중성은 근대 이후 전통적인 중국 중심의 지역질서가 급격히 해체되고 중국이 '존망의 위기'에 봉착하면서 주변 아시아 여러 지역에 대해 취했던 태도와 맥락을 같이한다.

### 3) 교과서의 '남양' 서술과 '식민주의적' 시각

이상에서 서술한 여행자의 '식민주의적' 시각은 어디에서 온 것일까. 단순히 여행자가 여행을 하는 과정에서 우연히 갖게 된 것은 아닐 터이다. 사실 여행기에는 보다 실감나게 표현되어 있을 뿐, 남양에 대한 '식민주의적' 시각은 당시 중국 사회에서 일정하게 통용되던 인식이라고 볼 수 있다. 앞에서 언급한『중국식민팔대위인전』이외에, 이를 가장 분명하게 보여줄 수 있는 것이 당시 교과서의 남양에 대한 서술이다.

첫째, 교과서에서도 남양을 다룰 때에 화교를 매우 중시한 것을 알 수 있다. 1920~30년대에 발행된 소학교 역사(2종), 지리, 사회, 상식 교과서(총 5종)에서 남양과 관련된 내용을 찾을 수 있었다. 5종 중에 역사, 지리, 상식 교과서에서 화교를 직접적으로 다루었는데, 특히 지리교과서는 아예 남양 지역을 '화교창업지(華僑創業地)'라고 규정했다.[49]

둘째, 화교의 이주를 '식민 개척'의 차원에서 보고 있다. 아래 역사교과서는 화교의 남양 개척을 서구 제국주의의 식민 침략과 다른 영예로운 일이라고 칭송하고 있다.

> 중국 민족은 해외로 나가서 대부분 황무지를 개간하고, 생산을 발전시키고, 인류를 위해 신세계를 창조하였다. 제국주의자의 식민이 전적으로 침략을 목적으로 한 것과는 다르다. **남양 군도는 확실히 화교가 개간해서 이룩한 곳이다.** [···] 중국 민족이 인류사에 기여한 가장 **영예로운 일이다.** 그러나 유럽 각국이 식민정책을 이행한 이래, **화교가 개간하여 생긴 토지가 모두 그들에 의해 점거되었다.**[50] (강조는 저자)

교과서의 화교에 대한 서술은 일정한 패턴을 갖는다. 남양은 화교가

하노이 (1911)

개척해 이룩한 지역이었으나 지금은 서구 제국주의에 부당하게 점령되어 고통을 당하고 있다는 것이다. 이는 여행기에서 보이는 '식민주의적' 시각과 같은 맥락이다. 아래 지리교과서는 이런 맥락을 명확히 서술하고 있다.

> 버마, 시암, 안남 3국은 교지반도(交趾半島)라고 부르고, 나머지 지역을 남양군도라고 통칭하는데, **모든 곳이 화교가 번식한 곳이다.** 뿐만 아니라 각지의 실업은 태반이 우리가 창업한 것이다. 아쉽게 우리나라의 국세(國勢)가 부진하여, 실력으로 보호하지 못하여, 그들은 왕왕 거주국의 무거운 세금을 부담하고 있고, 불평등한 대우를 받고 있다.[51] (강조는 저자)

교과서는 그렇다손 치더라도 당시 동남아에 대한 학계의 연구는 뭔가 다르지 않았을까! 『남양개황(南洋概況)』[52]이라는 책은 남양 전문가인 추즈중(邱致中)이 1934년 지난대학(暨南大學)의 전임교원이 되어 교재로 사용하기 위해 1년간의 집필 끝에 편찬한 대학교재이다. 그러나 책 제목은 '남양개황'이지만 내용은 마치 '남양화교개황'과 같다. 이 책에서도 역시 화교를 매우 비중 있게 취급하고 있다. 예를 들면 소제목이 '남양의 인구와 화교인구' 또는 '남양의 교육과 화교교육'이라는 식이다. 뿐만 아니라 목차의 장절도 식민 통치의 주체별로 나누어 놓았다. 즉 하속(네덜란드령), 영속(영국령), 법속(프랑스령) 등으로 나누어져 있다.

추즈중이 스스로 밝힌 '남양연구의 목적'을 보아도 '식민주의적' 시각과 딱 맞아떨어진다. 간략히 옮겨 보면 다음과 같다.

> 남양과 우리나라의 통상은 주진한진대(周秦漢晉代)에 시작되어 송원명청(宋元明淸)에 이르러 크게 번성하였다. 이 과정에서 수백만의 식민이 이루어졌다. **남양의 개척은 우리 화교의 힘. 남양의 번영은 우리 화교의 힘.** 과거 남양의 경제 권력은 완전히 화교의 손에 있었다. 남양은 화교 비즈니스의 대본영이다.[53] (강조는 저자)

중국은 이런 화교로부터 혁명운동 원조, 막대한 송금 및 경제건설 원조 등 엄청난 지원을 받고 있으므로 남양은 중화민족의 생명선에 다름 아니고, 이처럼 중국에 엄청나게 기여하고 있는 화교와 남양을 연구해야 한다는 것이다. 말하자면, 남양이 바로 화교이고, 화교는 '식민지'처럼 본국 국가건설의 밑거름인 것이다. 이처럼 '식민주의적' 시각을 잘 보여준다.

당시 중국 사회의 남양인식을 보여주는 자료를 한 가지 더 제시하면 『동방잡지』에 실린 「남양의 지리와 역사」라는 짧은 글이 있다.[54] 이 글도 앞에서 설명한 '식민주의적' 인식에서 벗어나지 않는데, 무엇보다 "남양이란 열강이 나누어 점령한 지역[分領地]"이라고 명확히 규정하고 있다. 이런 관점에서는 남양의 다양한 문화적 전통이 언급될 여지는 없고, 주로 식민지 시대의 역사와 지리만이 장황하게 설명될 뿐이다.

중국 사회가 전반적으로 남양을 어떻게 인식했는지 충분히 밝힐 겨를은 없다. 그러나 상술한 '식민주의적' 인식이 일정한 흐름을 형성하고 있었음은 분명하다. 여행기에 보이는 '식민주의적' 시각은 이런 중국 사회의 남양 인식이 반영되어 나타난 것이다.

## 3. 남양 '토인'에 관한 정형화된 이미지

중국인 여행자들이 화교에 주목했던 것은 사실이지만 원주민을 도외시한 것은 아니다. 여행은 필연적으로 여행지와 그곳에 사는 사람들을 몸소 경험한다. 여행지에는 화교보다 훨씬 많은 원주민들이 살고 있었고 여행자들은 그들을 직접 보고 듣고 느꼈다. 그리고 여행기에 기록했다. 장캉후의 경우, 단순히 분량만을 따져 보면 원주민에 관한 것이 1/3 정도는 된다. 그렇다면 여행자들은 이들 원주민을 어떻게 보았나? 여행자들은 원주민을 일관되게 '토인'이라고 표현했는데, 그들은 '토인'을 어떻게 인식했나?

### 1) 여행기에 나타난 남양 원주민의 특성

여행기에 나타난 남양 원주민, 즉 '토인'의 특성은 다음 세 가지로 정리할 수 있다.

첫째, 성정(性情)은 나태하다. 량사오원은 제목까지 '세계에서 가장 나태한 민족'이라고 달았다. 여기서 그는 '토인'의 '나태함'을 총정리하고 있다. 구체적인 사례를 들고 있어 내용 자체는 매우 다채로우나, 지면관계상 뼈대만을 간략히 요약해 본다.

> 남양은 기후가 너무 좋고 토지가 비옥하여 물산이 지극히 풍부하다. 다른 지역에는 있을 수 없는 천혜(天惠)이나, 그 결과로 사람들이 지극히 나태해졌다. 나태한 생활은 서구가 오기 전에는 큰 어려움이 없었으나, 생활방식과 사회구조가 바뀌면서 사정이 달라졌다. 이제 말레이인은 최하등의 노동자로 전락했고, 그들의 집과 음식은 원시적이고 단순해졌다. 진화론적으로 볼 때 인류의 생활은 시간이 지날수록 복잡해져야 한다. 그런데 그들은 그렇지 못했다. 이렇게 된 것은 다름 아니라 게으름 때문이다. 그야말로 세계에서 가장 게으르고 쓸모없는 민족이다![55]

인식과 평가에 지나침이 있다. 열대의 자연환경이 사람들을 나태하게 하고 지적으로 열등하게 하여 발전을 지체시켰다고 말하고 있다. 사회, 문화적 차이가 자연환경의 차이에서 기원한다는 믿음이 깔려 있다. 진화론이 가미된 일종의 '환경결정론'이다.

이 밖에도 원주민이 나태하다는 서술은 '토인'을 언급하는 부분에서 거의 관용적으로 표현된다. 몇 가지만 간략히 소개해 보자.

> 지기(地氣)가 뜨거워 생활이 쉽다. 그래서 천성이 나태하다.[56]
>
> 열대 주민의 생활은 단조롭다. 나태함이 성정이 되었음을 여기에서도 볼 수 있다.[57]
>
> [사이공의] 이런 천혜의 결과는 나태함이다. 그들은 모두 낮잠 자기

를 좋아하기 때문에 정오부터 3~4시간은 되는 일이 없다. 순찰 경찰조차 무료하다.[58]

버마인도 말레이인과 마찬가지로 나태하다.[59]

열대기후지역인 동남아에서 더운 낮에 일하는 것은 거의 불가능하다. 낮잠 자는 습관은 동남아의 기후를 며칠만 경험해 보면 금방 이해할 수 있다. 그럼에도 이를 나태함으로 규정하는 것은 여행자의 인상이 어떤 정형화된 이미지나 선입견에 의해 형성되었기 때문이라는 생각이 든다.

둘째, 문화적으로 야만스럽고 미개하다. 여행자 중에 가장 보수적으로 보이는 량사오원은 나태하다는 특성과 연관 지어 남양에 "문화나 역사라고 할 만한 것이 없다"라고 혹평했다.

그들의 성정은 정말로 기괴하다! …… 일하는 시간이 매우 짧고, 나머지 시간에는 한담을 나누거나 잠을 잔다. 그래서 그들에게는 문화라고 할 만한 것이 없다. 이는 다름 아니라 게으름의 결과이다! …… 그들에게는 뛰어난 인물이 없다. 다른 민족에게는 당장은 어렵지만 희망을 갖게 하는 역사적 인물과 장래의 희망이 있다. 말레이 같은 민족에게는 역사라고 할 만한 것이 없고, 기댈 만한 희망도 없다.[60]

인류 최초의 벼농사, 청동기 및 철기 유물, 역사상의 광범위한 무역망, 베트남의 비엡과 참파, 캄보디아 크메르인의 앙코르 왕조, 버마의 페구 왕조, 시암의 아유타야 왕조, 수마트라의 스리비자야 왕국과 마자파히트 왕국 등의 고도 문명 달성을 굳이 언급하지 않더라도, 상식적으로 "문화와 역사가 없다"라는 언급은 지나친 비하가 아닐 수 없다. 서술의 배경에 어떤 강한 의도가 있지 않고서는 설명이 되지 않는다. 이 밖에도 남양의 문화나 풍습을 비하하는 언급은 쉽게 찾아볼 수 있다.

> 말레이반도에는 문명이라고 할 만한 것이 없다. 이슬람교나 힌두교의 사찰이 있으나 대부분이 간단하고 누추하다.[61]
>
> [태국에서는] 조숙해 13~14세 때 결혼하는 경우가 무척 많다. […] 부모의 허락이나 중매쟁이 없이 결혼하는데, 금방 헤어지는 것을 예사로 여긴다. 혼례를 엄중하게 여기는 우리나라와 다르다. […] 또 우리와 달리 겹사돈을 맺는 일이 흔한데, 이는 야만의 습속에서 아직 벗어나지 못한 것이다.[62]
>
> 가장 기이한 것은 여자들의 격렬한 싸움이다. 어떨 때는 많은 사람들 앞에서 스스로 치마를 찢기도 한다. 벌거벗음으로써 적대자에게 굴욕을 주는 것이다. 상대방도 또한 이와 같이 한다. […] 이른바 '부끄러워하는 마음(羞惡之心)'이 없다.[63]

이상에서 보듯이, 야만이나 미개는 '기이하고 괴상하다' 또는 '자신과 다르다'는 의미의 다른 표현이다. 어떤 문화든지 나름의 독특한 가치를 가지고 있다는 '문화의 상대성'에 대한 배려가 전혀 없다. 자신과 다른 것은 기괴하고 야만적이라는 자기중심적인 사고 패턴이 보인다.

셋째, 생각과 행동이 어리석다. 몇 구절을 요점만 옮겨 보면 다음과 같다.

> [자바의] 네덜란드 토인 용병은 비록 군복이 선명하고 무기가 정밀하고 예리하나, 조잡하고 나약하며, 어리석기 때문에 사용하기 어렵다.[64]
>
> 베트남은 상하가 구태의연하여 1~2백 년 전의 사상을 그대로 가지

고 있음을 대략 엿볼 수 있다.[65)]

나는 사이공을 두 번 가보았는데, 베트남 인민은 **부도덕하고, 어리석으며** 성정이 나태하다.[66)]

의지가 한결같지 않고 **지식이 부족하며, 능력이 미치지 못한다.** […] 영구히 노예로 자라날 뿐이다.[67)] (강조는 저자)

한마디로 하면 어리석다는 것이지만, 이 범주의 특성은 다양한 함의를 가지고 있다. '토인'이 가진 능력 자체가 '조잡하고 나약하고 어리석다'는 의미가 있고, 정체되어 새로운 시대에 맞지 않다는 의미도 된다.

이상과 같이 '토인'을 바라보는 시선에는 하나의 정형화된 이미지가 반영되어 있다. 여행기에 이런 정형화된 이미지가 반복적으로 표현되어 있다. 여기에는 일반화의 오류와 지리환경결정론의 오류가 내재해 있다. 이런 이미지로는 세계 어느 지역보다 다양한 종족으로 구성되어 있는 동남아시아의 특성을 보여주기도 어렵고, 동남아의 문화와 역사를 낳은 다양한 요소들을 설명하기도 어렵다. 이는 합리적 사고라기보다는 하나의 고정관념이나 이데올로기에 가깝다.

### 2) 화교의 '토인'에 대한 인식

여기서 상기한 고정관념이 어떻게 형성되었는지를 다각도로 분석하기는 어렵다. 이 글은 여행자의 남양 인식을 다루고 있을 뿐이다. 그러나 전혀 언급하지 않을 수도 없는 노릇이다. 앞에서 여행이 화교의 초청과 안내에 의해 이루어졌다고 했다. 따라서 여행자의 남양 인식에 화교가 적잖은 영향을 끼쳤을 것이다. 특히 원주민과 함께 살고 있는 화교들이 전하는 말은 여행자의 인식에 바로 반영되었을 가능성이 높다. 그렇다면 화교는 '토인'을 어떻게 생각했을까?

상하이에서 교편을 잡고 있다가 싱가포르의 화중중학(華中中學)에 부임한 왕즈청은 풍토가 맞지 않아 1년을 채우지 못하고 귀국한다. 그는 귀국하기 한 달 전 무심코 학생들에게 각자가 살고 있는 지역에 대한 간단한 보고서를 보내 달라고 공지했다. 2주가 채 안 되어 20~30통의 편지가 왔는데, 모두가 남양 각지에 대한 생생한 소식과 실태를 담고 있었다. 그는 화교 학생들이 보낸 19편의 보고서를 모아 그의 여행기에 「각지통신」이라는 이름으로 편집해 놓았다.[68] 각지의 화교 학생들이 주변의 '토인'에 대해 상세히 서술하고 있어, 원주민에 대한 화교의 인식을 알아보기에 적합하다.

그런데 결론부터 말하면 상기한 「각지통신」에 나타난 화교의 인식은 '토인'에 대한 부정적 시각이 여행자들보다 더욱 적나라하다. 자기중심적, 배타적 시선이 여행자보다 더하면 더했지 결코 못하지 않다. 핵심적인 내용만 인용해 보면 다음과 같다.

> 남양은 날씨가 너무 더워 뇌를 쓰기에 적합하지 않다. 그래서 문화수준이 낮고, 학술과 사상은 말할 것이 없다. 생계를 유지하기가 쉽다는 점이 그들을 타락의 길로 가게 했다. 그들에게는 기아의 공포가 없고, 추위의 습격도 없다. 옛날에는 땅이 넓고 사람은 적어, 어느 것에도 얽매이지 않고 살아갈 수 있었다. 스스로 '복민(福民)'이라고 교만할 만하다.[69]

앞에서 언급한 여행자들의 시각과 다를 바가 없이, 덥고 물산이 풍부한 자연환경이 '토인'들을 나태하게 하였고, 화교나 서양인이 나타나기까지는 별 탈 없이 살아갈 수 있었으나 지금은 미개하다는 것이다. 비난에 가까운 혹평이 반복해 이어진다.

> 이곳의 토인은 매우 나태하고, 그들의 생활은 매우 간단하다. 오늘 돈을 조금 벌면 내일은 쉰다. 그 돈을 다 쓸 때까지 일을 찾지 않는다. 그들은 고민을 모른다. 과거를 일체 추구하지 않고, 장래를 미리 기원하지 않는다. 오늘은 오늘의 먹을거리를 먹고, 내일의 먹을거리는 내일 생각한다. 이들은 **정말로 바보 멍청이들**이다.[70] (강조는 저자)

아무튼 나태, 야만, 미개, 기괴함, 어리석음 등의 표현은 거의 모든 보고서에 등장하고, 이에 대한 묘사나 설명은 여행자들보다 훨씬 구체적이고 다양하다. 예를 들어 나태함을 설명하면서 "쌀이 익으면 수확하여 돈으로 바꾼다. 그 돈으로 음주, 도박을 하다가 돈이 떨어지면 두 번째 쌀이 익어 있다. 그들은 투자하여 이윤을 남기는 것을 알지 못한다."[71]라고 하였고, 기괴함을 설명하면서 결혼 풍습을 예로 많이 들었는데, "결혼 몇 주 전에 남녀 쌍방이 은도(銀刀)로 생식기를 잘라 가르고 성대한 연회를 갖는다. 연회 때에 여자는 남자의 내빈에게 윤간을 청해야 한다"[72]라고 하였다. 아무리 희괴한 문화라도 그것이 생겨난 사회적 필요와 맥락이 있기 마련인데, 보고서에서는 문화의 상대성에 대한 인식이 전혀 나타나지 않는다. 용모나 복장은 물론 남녀의 평등한 지위와 자유로운 연애, 결혼, 이혼을 이상한 것으로 여겼고, 심지어 (일정 기간 낮에 금식하는) 이슬람의 라마단 풍습까지 '기년(饑年)'이라 하여 기이하게 여겼다.[73] 특히 식민 통치에 대한 굴종적인 태도에 대해서는 원색적으로 비난했다. "말레이인은 한평생을 흐리멍덩하고 어리벙벙하게 살지 않는 자가 없다. 제국주의자는 이런 약점을 이용하여 우민정책을 실시한다. 세계 혁명의 조류가 아무리 거세도 말레이인을 움직이게 하지는 못한다"[74]라고 했다.

원주민에 대한 화교의 인식은 이처럼 여행자들보다 더 부정적이다. 화교들은 같은 곳에 살고 있는 원주민을 자신과 명확히 구별해 타자화시키고 있다. 화교의 원주민에 대한 고정관념이 여행자의 인식 속에 그대로 투영되어 있다. 앞에서도 언급했듯이, 화교들이 바로 여행자들을 남양으로 초청하고 안내했고, 여행자들은 화교를 통해 원주민을 만나고, 보고, 듣고, 알 수밖에 없었던 상황에서 화교의 인식이 중국인 여행자들의 시각에 많은 영향을 끼쳤을 것이다.

원주민에 대한 고정관념의 형성은 남양을 바라보는 중국인의 '식민주의적' 시각과 관련이 깊다. 식민 지배의 정당성을 뒷받침하기 위해 원주민은 나태하고 야만적이고 미개해야 했다. 이런 자기중심적인 '자타인식(自他認識)'은 이른바 '오리엔탈리즘'이 갖는 인식 구조와 매우 유사하다. 게다가 애초부터 어떤 정형화된 이미지가 개입되어 있는 듯하다. 이는 근대적 식민화가 시작된 16세기 이래 서구가 형성한 비서구 세계의 정형화된 이미지가 '반(半)식민지' 중국에 이식되어 나타난 파생물일지도 모른다.

## 4. 맺음말: 남양의 부재

1920~30년대 여행기에 나타난 중국인 여행자의 남양 인식을 살펴보았다. 여행자의 신분이나 여행의 직접적 동기 등을 고려해 볼 때, 여행자의 시선이 화교에 쏠리기 쉬웠다. 실제로도 화교에 관한 서술이 많았는데, 화교를 '식민개척자'로 인식하고, 남양 지역을 '중국과 서구세력이 식민 지배를 둘러싸고 경쟁했던 각축장'으로 파악하는 시각이 두드러진

다. 당시 중국인 여행자에게서 화교를 매개로 구현되어 있는 특유의 '식민주의 인식'을 발견할 수 있다.

이런 '식민주의적' 시각은 다양하게 표현되었다. '미개한 토인 - 화인의 이주 - 서구인의 식민'으로 이어지는 역사 관념을 드러냈고, 식민 통치의 주체를 경계 구분의 기준으로 삼기도 했으며, '식민지 근대화'의 성과를 높이 평가하기도 했다. 남양을 바라보는 '식민주의적' 시각은 본국의 교과서나 대학교재에서도 확인되는데, 중국 사회에서 일정하게 통용되었던 관념이 여행자의 인식에 투영되었던 것임을 암시해 준다. 원주민을 바라보는 시선도 '식민주의적' 시각과 일맥상통하였다. '식민주의적' 시각에서는 식민 지배 세력이 역사의 주체이므로 식민 지배를 받는 원주민은 역사의 주체가 될 수 없었고, 그들은 '나태하고, 미개하고, 어리석은' 존재로 인식되었다. 현지의 화교는 원주민에 대해 여행자보다 더 부정적인 시각을 보였는데, 화교의 시각이 여행자에게 영향을 주었을 터이다.

이상과 같이, 1920~30년대 중국인 여행자의 남양 인식이 '식민주의적' 시각에 기울어져 있음을 여러 각도에서 살펴보았다. 동남아를 바라보는 '식민주의적' 시선은 서구나 일본 등 근대적 발전을 먼저 이룩한 나라를 여행하고 쓴 여행기에서 나타났던 선망과 동경의 시선과[75] 뚜렷이 대비된다. 근대 중국인의 해외여행기 안에서 우리는 서구 – 일본 – 동아시아 – 기타로 이어지는 자기와 타자에 대한 인식 상의 위계(hierarchy)가 존재했음을 분명히 확인할 수 있다.

그렇다면 이러한 중국인 여행자의 '식민주의적' 시각을 근대적 '식민주의' 인식의 범주에 포함시킬 수 있을까? 지구상의 거의 모든 지역과 민족은 16세기에서 20세기 초반의 어느 시기엔가 최소한 명목상으로라도 식민주의를 경험했다. 역사적으로 매우 다양한 식민화, 식민지, 식민주의가 존재했다. 그래서 근대적 식민주의 사고를 일반화해서 그 개념을 명확히 규정하기란 쉽지 않다. 다만 우리는 극단적인 단순화를 감수하면서 성숙 단계의 식민주의 사고에서 다음 세 가지 기본 요소를 추출해 낼 수 있을 것이다.

첫째, 열등한 '타자성'의 구성이다. 피식민 지역의 주민은 기본적으로 식민 주체와 다르고 열등하다는 인식이 식민주의적 사고의 중심에 자리 잡고 있다. 이러한 근본적인 차이에 대한 인정은 다양한 방식의 이론들로 강화되었는데, 이교도의 타락, 기술의 부족, 인종주의 등과 함께 열대 거주로 인해 주민의 체질이 약화되었다는 환경결정론이 자주 거론되었다. 둘째, 사명에 대한 믿음과 보호의 책임감이다. 피식민지의 주민은 다른 사람의 인도가 필요하고 식민 주체가 그 인도의 책임을 맡아야 한다는 책임감, 해방자로서 세계사적인 사명을 완수해야 한다는 자의식이 식민주의 사고에 내재해 있다. 셋째, 사명 이데올로기에 근거한 식민지 기획의 정당화이다. 식민 주체에 의한 질서의 부여와 근대적 발전을 지당한 것으로 여긴다. 이런 식민주의 사고는 식민 주체에게만 제한되어 있지 않았다. 서구인들이 다른 문명의 사람들에 대해 만들어 놓은 판에 박힌 생각은, 교육과 관습을 통해 그리고 대안의 부재와 침략자와의 동일시를 통해, 피식민 주민의 정신적 태도에 침윤되기도 했다.[76)]

느슨하게나마 '식민주의 사고'를 위와 같이 개념화할 수 있다면, '남양'을 바라보는 중국인 여행자의 시선이 근대적 식민주의와 인식의 틀을 상당 부분 공유하고 있다는 것을 알 수 있다. 원주민을 열등한 타자로 보았고, 화교의 '식민 개척'을 긍정적으로 생각하였으며, '식민지 근대화'의 성과를 높이 평가하였다. 게다가 남양에 덧씌워져 있는 정형화된 이미지는 서구가 비서구 세계를 향해 발신했던 바로 그것일 개연성이 높다. 다만 중국을 중심으로 작동하던 동심원적 다층 구조의 외곽에 자리

1890년대 외세의 먹잇감이 된 중국(Henri Meyer, 1898)

하고 있던 전통시기의 그 남양은 더 이상 아니었다. 중국이 남양을 실제 식민지로 경영하지는 않았다.

이렇게 보면 남양에 대한 중국인 여행자의 '식민주의적 시각'은 매우 근대적인 것이다. 중국이 남양을 근대적 식민지로 경영한 적이 없다고 해서 '식민주의적 인식'을 가질 수 없다고 생각할 이유는 어디에도 없다. 앞서 보았듯이, 식민주의 사고는 식민 주체에게만 제한되어 있지 않았다. 또한 서구의 식민주의 사고와 경험만이 '근대적인' 것이라고 생각할 이유도 없다. 지구상에는 다양한 식민주의가 존재했다. 오히려 식민주의의 개념을 제대로 규정하려면 근대 지구상에 있던 모든 식민주의를 모아서 그 특질을 파악해야 할 것이다. 식민주의 개념을 추출함에 있어 그 재료로 서구의 역사적 경험만을 사용할 필요는 없다.

아무튼 이와 관련해, 근대 중국을 제국주의의 희생자로만 볼 수 있느냐는 문제제기나, 만주족 청나라는 근대 서구와 마찬가지로 식민주의적 성격을 가졌고 이런 특성은 현대 중국에까지 이어진다는 이른바 '신청사(New Qing History)'류의 견해를 떠올리게 된다. 이와 관련해서 유장근은 청대 이래 중화민국, 중화인민공화국에 이르기까지 중국이 가진 '식민주의적 특성'을 강조해 왔다. 전통시기 중국의 '조공국'이었던 나라들에게 '근대'는 식민지화의 길을 의미했다. 결국 중국은 이웃 나라의 안위보다 이들을 완충지대나 방패막이로 이용해서 자신의 안전을 도모했고, 그 결과 전에 없던 '제국주의'적 내정간섭(조선에 대하여)이나 분할 시도(류큐에 대하여)를 행하기도 했다. 더욱이 티베트, 위구르, 몽골, 윈난(雲南), 구이저우(貴州) 등의 지역을 식민화하기도 했는데, 이는 근대 서구의 해외 식민지 획득 및 경영과 근본적으로 다를 바가 없다.[77]

이 글에서 살펴본 '식민주의적 시각'[78]도 크게 보아 같은 맥락이라고 볼 수 있다. 근대적 '식민주의'가 서구의 침략에 의해 촉발되고 추동되어, 왜곡되고 강팍해진 '철 지난' 중화주의적 사고방식과 결합하였다. 이로써 남양을 여전히 '속국'으로 인식하고 원주민을 야만스럽고 미개한 존재로 인식했다. 서구라는 새로운 중심에 의해 주변으로 밀려난 예전의 '중심'이 절박한 생존과 국익을 위해 이웃 나라를 다시 주변으로 내모는 '이중성'을 보이고 있다.[79]

이런 '식민주의적' 시각에서는 남양에 대한 식민 통치를 자연스러운 것으로 여겼고, 자연히 '진정 남양은 어떤 곳인가'에 대한 관심이 적었다. 중국인 여행자의 남양 인식에는 '남양'이 없었다. 여행기에는 자기의 필요에 따라 보고 싶은 남양, 그래서 의도적으로 호도된 남양이 혼합되어 있다. 또한 19세기 중반 이후 중국은 역사상 겪어 보지 못했던 이질적인 서구 제국주의 세력의 침입 앞에서 전통적 중화주의를 대체할 새로운 자기 정체성을 모색해야 했고, 외부 세력에 의한 멸망의 위협 앞에 놓여 있었다. 자기를 중심에 놓고 생각하지 않을 수 없었고, 타자에 대해 진지한 관심을 기울일 여유가 없었다. 중국인들은 아무도 동남아 지역을 진정으로 이해하려고 하지 않았고 학술적, 객관적 접근도 부족했다.

여행기는 기본적으로 여행자가 보고 싶은 것을 기록한다. 여행지에서의 실제 경험이 의미 없다고는 할 수 없지만, 여행 이전에 사회적으로 축적된 여행지에 대한 지식과 인식이 여행자의 시선이나 여행기에 반영된다. 그래서 대개의 여행자는 여행지를 자기중심적으로 볼 개연성이 크다. 자기에 대한 문제 인식이 타자를 규정함으로써, 결국 여행기 안에 그 여행지와 여행지에 사는 사람들이 들어 있지 않은 결과가 초래될 수 있는 것이다. 결국 예상과 달리 여행기에서도 거시적 담론에서 보이는 동남아에 대한 몰이해가 내포되어 있었고, '식민주의적' 시각만을 확인할 수 있었다. 중국인 여행자가 인식했던 남양은 '그들의 생각'일 뿐, 실제의 '동남아'가 아니다.

이처럼 중국인의 여행기, 즉 타국 여행자의 시선이나 인식을 통해서는 동남아의 진면목을 발견하기 어렵다. 동남아의 진면목에 접근하려면 새로운 차원의 애정과 관심, 통찰력이 필요하다. 우리는 근대 중국인 여행자의 '남양' 인식이 가진 성격을 조망함으로써 동남아에 대한 새로운 차원의 연구가 필요함을 확인할 수 있었다. 자기중심적 인식에서 벗어나 동남아(인)의 입장에 주목할 때 비로소 동남아에 대한 진정한 이해의 가능성이 열릴 것이다.

# 7. 현대 한국 소설 속의 베트남 인식

글쓴이 _ 이한우

한국인들은 역사적으로 동남아 국가 중 베트남에 대해 가장 많은 관심을 가졌으며, 한국의 베트남전쟁 참전으로 인하여 베트남을 특별히 생각하는 정서를 갖고 있다. 사실 양국민은 역사적으로 중국의 주변에 위치하여 문화적 영향을 받았고, 독립을 지키기 위하여 중국에 저항하는 한편 조공체계 속에서 평화를 유지해왔고, 근대에는 강국의 식민 지배하에 처했던 역사적 경험을 공유하고 있다. 이로 인해 직접 교류의 기회가 많지 않았더라도 상련(相憐)과 우의의 정을 품을 수밖에 없는 관계다. 역사를 거슬러 올라가면 중국에서 양국 사신들이 만나 시문을 주고받았다거나, 판보이쩌우의 『월남망국사』를 읽으며 망국의 한을 공감하며, 식민지 저항의식을 불태우는 등 두 나라 사람들의 심리적 거리는 가까운 편이었다.[1]

하지만 냉전시대에 들어 분단과 전쟁을 겪으며 양국은 이념적으로 다른 길을 걸었고, 특히 1964~1975년 사이 베트남전쟁 기간에는 한국이

---

* 이 글은 『오토피아(*Oughtopia*)』 제25권 3호(2010)에 동일 제목으,로 실렸다.

남베트남에 연인원 32만여 명을 참전시켜 전장에서 격돌함으로써 서로 많은 상처를 받았다. 양국은 냉전시대를 벗어난 1992년에 국교를 수립하고 협력관계를 확대해 나가고 있다. 이러한 양국 관계로 인하여 서로를 보는 눈은 남다를 것이다.

그러면 현대 사회에서 한국인들은 베트남과 베트남인을 어떻게 보았을까? 저자는 이 글에서 현대 한국 소설을 가지고 이 의문을 풀어보고자 한다. 현대 사회에서 베트남에 대한 인식은 다양한 경로를 통하여 이루어지고 있으나, 작가들의 체험을 기반으로 구성한 소설은 일반인들의 인식 형성에 매우 효과적이다. 또한 소설은 과거의 기억을 재현하는 한 수단으로서 한국인 독자들이 베트남에 대한 인식을 형성해 나가는 데 매우 중요하게 작용한다. 따라서 널리 읽히는 소설을 소재로 한국인의 베트남에 대한 인식을 평가하는 것은 보편적 정서를 읽는 데 유용할 것이다. 국내에서 발간된 동남아 관련 소설은 대부분 베트남과 관련된 것이다.

이제까지 한국 소설에서 베트남전쟁을 어떻게 그리고 있는가에 대하여는 많은 연구자들이 탐구하였다. 그것은 미국에서처럼 한국에서도 베트남 관련 소설 대부분이 베트남전쟁을 소재로 삼았기 때문이다. 베트남전쟁을 소재로 한 소설은 미국에서 발간된 것만도 130여 권에 이른다고 하며,2) 한국에서도 1970년대 이래 수십 편에 이른다. 베트남전쟁 관련 문학작품이 많은 것은 이 전쟁이 그만큼 인류에게 준 충격이 컸고 이에 참전한 모든 국가 국민들의 가슴에 깊은 상처를 남겼기 때문일 것이다.

베트남 관련 소설에서 전쟁을 주로 소재로 삼았다 할지라도 한국인들이 베트남 또는 베트남인들에 대해 가졌던 인식의 단편들은 도처에 산재해 있다. 그러나 그간의 연구는 문학작품 자체로서의 비평, 베트남전쟁의 성격에 대한 한국인의 이해, 참전 한국군의 모호한 정체성 등에 집중하였다.[3] 한국 사회 변화와의 관계 속에서 소설에 대한 비평은 최원식에 의해 부분적으로 이루어졌고,[4] 최근 장두영이 베트남전쟁 소설과 파병담론과의 관계에 대하여 연구하였다.[5] 그러나 베트남전 파병담론에 영향을 받아 작가들의 변화된 인식이 소설 속에 나타났는지는 분명하지 않다.[6] 또한 장윤미는 한국 소설 속에서 '월남전'을 바라보는 시각의 변화를 박영한, 안정효, 황석영, 방현석의 소설을 사례로 논구하였지만,[7] 사례 수가 적어 한국인들의 시선의 변화를 풍부하게 담지는 못하였다.

이러한 연구에도 불구하고, 베트남 또는 베트남인 자체에 대하여 한국인들이 어떤 인식, 감정, 태도 등을 가졌는가에 대하여는 그다지 논의가 이루어지지 않았다. 이런 점에서 본다면 한국의 베트남 관련 소설에 대한 연구는 한국에 집중된 연구였지 베트남과의 상호소통에 대한 연구는 아니었다. 그간의 연구가 베트남전쟁을 다루면서 베트남인들이 등장하지 않거나 소품으로만 기능하는 할리우드 영화와 같았다는 반성을 하게 된다.

이 글에서는 1970년대 이래 출간된 베트남 관련 현대 한국 소설의 흐름을 개관하고 이 소설들의 내용분석을 통하여 베트남 및 베트남인을 어떻게 인식하였는가를 살펴보고자 한다. 여기서는 먼저, 베트남 관련 한국 소설의 흐름을 한국 사회의 시대상과 결부시켜 살펴보고, 이 소설들 속에서 베트남에 대한 인식의 변화상과 그 변화의 의미를 밝혀보고자 한다.

## 1. 베트남 관련 현대 한국 소설의 흐름

### 1) 1970년대

1970~80년대 한국에서 발간된 베트남 관련 소설은 대부분 베트남전쟁과 관련된 것이었다. 작가들은 참전군인들이 느끼는 베트남전의 성격, 전쟁 중 베트남에서의 부패한 인간상과 자본주의의 그늘, 전장에서의 인간 실존의 문제, 전쟁 후유증으로 인해 겪게 되는 고통에 대하여 서술하였다. 참전군인인 작가들은 베트남에서의 자신의 경험에 문학적 상상력을 더하여 베트남전쟁의 이면을 드러내었다. 전쟁이 가져다주는 참혹함, 인간의 존엄성 파괴 등을 고발하고, 자유 수호 전쟁이라는 공식적 해석의 이면에 베트남전쟁이 가지는 반제국주의적 요소를 부각시키고자 하였다.

한국은 1964년부터 자유주의 국가 남베트남을 지원하기 위하여 병력을 파견하였다. 한국군은 파견 당시 자유 수호를 위해 베트남 땅을 밟을 때 열렬한 환영을 받을 줄 알았지만 그들이 맞닥뜨린 현실은 달랐다. 그들을 환영 나온 하얀 아오자이의 여학생들 뒤에는 먹을 것을 달라고 매달리는 아이들이 있었고, 어른들은 대개 무심히 지나칠 뿐이었다. 여기서 베트남전쟁의 민족해방전쟁적 성격을 인식하지 못하고 자유 수호 전사로서 베트남전쟁에 참전한 한국군 병사들의 혼란이 시작된다.

현대 한국 소설에서 베트남전쟁은 황석영의 『탑』(1970), 송영의 『선생과 황태자』(1970)에서부터 본격적으로 다루어졌다. 『탑』은 베트남인 정체성의 상징인 불교사원의 탑을 한국군들이 죽음을 무릅쓰고 지켜냈으나 미군에 의해 중장비로 갈아엎어지는 현실을 보며, 베트남전쟁이 가지는 가치의 이중성 내지는 제국주의의 야만성을 드러내었다. 황석영은 이후 『낙타누깔』(1972), 『무기의 그늘』(1985) 등을 발표하면서 베트남전쟁이 자유 수호 전쟁이기보다 베트남 땅에서 자국의 이익을 추구하기 위한 제국주의 전쟁임을 들추어냈다.

박영한, 『머나먼 쏭바강』

이에 반해 감상주의적 휴머니즘 색채가 짙다고 평가받는 박영한의 『머나먼 쏭바강』(1978)은 베트남전에 참전했다가 귀국을 앞둔 한 병사가 성병환자로 잘못 판정받아 귀국이 연기되면서 수용소 내에서 부정을 겪게 되는 과정과 베트남 여인과의 만남을 통하여 베트남의 실상을 깨닫게 되는 과정을 보여준다. 그러나 박영한은 수용소 내 부조리를 군대 내 모순으로만 치부할 뿐 베트남전쟁에 파병한 한국 국가의 문제로 확대하지 않아, 당시 베트남전쟁을 보는 공적 담론에서 벗어나지 못했다.

1970년대 한국 사회는 냉전 속에서 자유민주주의를 실현하려는 목표를 가지고 있었다. 민주화운동의 목표도 자유민주주의 실현에 있었지, 계급적 관점에서 사회주의를 추구하거나 미국을 제국주의 국가로 인식하고 반제국주의적 시각을 표출하는 사회운동가들은 매우 소수였다. 1970년대 대부분 작가들이 이러한 시대 상황에 구속되어 있었다고 할 수 있으며, 단지 황석영만이 반제국주의와 제3세계적 맥락을 드러냈다고 할 수 있다.

### 2) 1980년대

1980년대 한국 사회는 1980년 광주민주화항쟁으로 막을 열었다. 이후

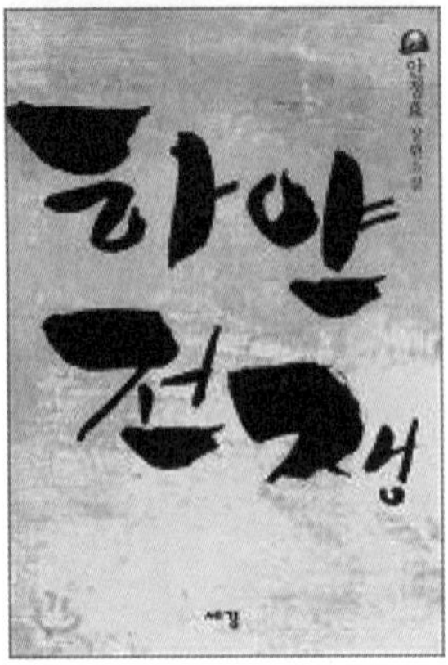

안정효,『하얀전쟁』

한국 사회에는 미국의 광주학살 책임론으로 미국을 제국주의자로 인식함에 따라 반미 운동이 확산되었다. 더불어 제국주의 미국으로부터 자율적 국가를 회복하려는 운동이 전개되었다.

이런 점에서 안정효의 『하얀전쟁』(1985)[8]이나 이원규의 『훈장과 굴레』(1987)는 1980년대에 출간되었음에도 불구하고 당시 한국에서 새롭게 등장한 비판적 시대상을 잘 반영하고 있지 못하며, 1970년대적 인식 선상에 속박되어 있었다고 할 수 있다. 안정효의 『하얀전쟁』은 현실과 베트남전쟁의 과거가 겹쳐 정신분열증으로 고통 받는 한 참전군인의 정신적 방황과 그와 고난을 함께 한 동료의 회상을 통하여 베트남전쟁을 재조명하였다. 이 소설은 참전 시에는 전쟁의 부조리에 적응하지 못하고 퇴역 후에는 사회에서 자본주의 논리에 잘 적응하지 못하는 나약한 한 지식인과 참전 시 얻은 정신질환에서 헤어나지 못하고 과거에 묶여 사는 한 정신분열증 환자의 언어를 통하여 전쟁의 불의를 고발하였다. 혹자는 안정효가 제3세계적 인식이 불철저하다고 평하지만,[9] 그는 한국군의 용병문제를 언급하는 등 미국과 한국 관계 속에서 베트남전쟁의 본질에 대하여 고뇌하고 있었다. 하지만 그의 주안점은 제국주의에 대한 저항이라기보다 전쟁이 가져 온, 전쟁 이후에도 지속되는 인간 존엄성 파괴의 문제를 고발하는 것이었다. 이후 『하얀전쟁』은 1992년 영화로 개봉되었는데, 이는 "전쟁에 대한 공식적 기억에 반하는 기억이 출현했음을 알리는 상징적인 사건이었다"고 평가되었다.[10] 이원규의 『훈장과 굴레』는 베트남전에 참전한 세 명의 한국군 장교를 통하여 한국인이 베트남전에 어떻게 임했는가를 유형화하였다. 정부의 공식 논리에 따라 '베트콩'[11]을 섬멸하여 성과(훈장)를 노리는 반공주의자, 베트남인들을 이해하려는 휴머니스트, 전쟁을 이용하여 경제적 이득 추구에 혈안이 된 자 등을 통하여 베트남전쟁이 지니는 복합적 성격을 표현하고자 하였다.

영화 〈하얀전쟁〉(1992)

이에 반해, 황석영이 『무기의 그늘』(1985)에서, 이상문이 『황색인』(1989)에서 미국의 제국주의성을 부각시킴으로써 1980년대 한국 사회에서의 인식의 변화를 반영하였다. 특히 『무기의 그늘』은 남베트남에서 군수품 유출 부정의 현장을 다이내믹하게 그린다. 베트남 중부 다낭(Da Nang)의 한미합동 군수사대에서 근무하는 한 사병의 눈을 통하여 군수품 밀거래 시장을 둘러싼 베트남전쟁의 이면을 그렸다. 여기서 미국의 군수품은 베트남남부해방민족전선(NLF)[12]으로 흘러 들어가고, 군수물자가 거래되는 베트남 시장이 남북 베트남, 미국, 한국 등이 격돌하는 또 하나의 전장이었음을 보여주었다. 반미적 색채를 분명히 드러낸 것은 이상문의 『황색인』이다. 『황색인』은 조국근대화를 위한 자금조달 목적으로 베트남 파병을 결정한 한국의 독재정권, 파병된 한국군 병사들에

황석영, 『무기의 그늘』

대한 비인간적 대우, 미국에 대한 굴종 등을 고발함으로써, 베트남전쟁에서 미국과 이해를 같이하는 한국의 독재정권을 비판한다. 작가는 여기에서 한국과 베트남은 역사적으로 유사점이 많다는 점을 부각시킨다. 주인공 박노하가 사랑했던 여인, 즉 프랑스 남성과 베트남 여성 사이에서 태어난 혼혈아인 베트남 여인에, 일본 남성과 한국 여성 사이에서 태어난 박노하의 어머니를 대비시킴으로써 제국주의의 발 아래 짓밟혔던 양국의 역사적 동병상련을 나타낸다. 작가는 한국 사회에서의 좌우익 갈등 사이에서 희생된 사람들을 베트남의 남부 자유주의 정권과 북부 사회주의 정권을 거부하고 왕정복고를 시도하는 민족주의자들에 대비하여, 이념으로부터 민족으로의 탈출을 시도하고 제3세계적 동류의식을 지닌 황색인들의 유대를 강조하고 있다. 그러나 베트남 문제의 해결책으로서 왕정복고를 말하고 있는 바와 같이 그의 내용전개는 엉뚱하며, 그만큼 독자들에게 소설적 재미도 주지 못하였다.

### 3) 1990년대 이래

1990년대 한국 사회는 1987년 이후 부분적 민주화를 기점으로 이념의 시대로부터 벗어나, 사회의 다원화와 함께 다양한 시각의 확산과 인간적 가치를 중요시하는 조류로 변화해 왔다. 하지만 이와 동시에 1970년대부터 이어져 온 냉전적 사고와 이에 기반을 둔 베트남에 대한 시각도 여전히 존재하였다.

1990년대 이후에도 안재성의 『황금이삭』(2003)이나 김용성의 『기억의 가면』(2004)처럼 일제시대부터 이어져 온 가족 이야기를 통하여 1970~80년대 소설의 주요 테마였던 베트남전쟁의 성격과 파병 한국군의 위상 등에 대하여 재검토하기도 하였다. 안재성은 『황금이삭』에서 벌거벗은 여성 베트콩 포로를 대검으로 찌르는 잔인함을 가르치는 전쟁과 국가의 명령으로 참전하여 평범한 인간이 "살아 있는 인간을 무참히 죽이고도 그 피와 뇌수를 뒤집어 쓴 채 게걸스레 밥을 먹을 수 있는" 인간으로 변해가는 참전군인들의 고통에 대해 다루었다. 또한 이들을 전쟁터로 내몬 자들에게 분노와 증오심을 내보이는 동시에 전장에서의 자기의 만행을 참회하는 것으로 결론짓고 있다. 한편으로 김용성은 『기억의 가면』에서 한국군이 희생된 전우들에 대한 보복으로 베트남 민간인을 학살하는 반면에 자결한 베트콩 부부의 아이를 돌보는 휴머니즘을 보이기도 하는 양면성을 그렸다.

김용성, 『기억의 가면』

또한 1990년대 이래 베트남 관련 한국 소설은 베트남전쟁에 참여한 사람의 가정에 어떤 영향이 미쳤는가에 대하여 관심을 둔 경우가 많다. 베트남전쟁이 한국인들에게 끼친 영향으로는 참전용사들의 신체적 정신적 상해, 고엽제 후유증, 라이따이한[13] 문제, 양민학살 등이 언급되었다. 구효서의 『애별』(2002)이 『하얀전쟁』처럼 참전용사의 정신적 상해에 대해 다루었다면, 서동익의 『청해당의 아침』(2001)은 베트남전에 참전하여 신체적으로 상해를 입어 불구가 된 한 해병 용사가 한국 사회에서 겪는 갈등과 적응문제를 다루었다. 『애별』은 부하를 구하러 전장에 뛰어든 자기 친구(소대장)를 버리고 목숨을 부지한 죄스러움에서 정신적 방황 끝에 용서를 구하며 결국 허무의 세계로 빠져들어 잠적해버리는 한 참전용사의 회고를 기초로 하고 있다. 이대환의 『슬로우 불릿』[14](2001)은 고엽제 피해를 입은 아버지로 인하여 자녀들이 선천적으로 불구가 되거나 사후적으로 발병함으로써 겪게 되는 가족의 고통을 통하여 전쟁을 껴안고 살아야 하는 참전군인 가족의 슬픔을 그려냈다. 오현미의 『붉은 아오자이』(1995)는 베트남에서 태어난 라이따이한에 대하여 전면적으로 다루었고, 안재성의 『황금이삭』, 하림의 『사이공의 슬픈 노래』(2003)와 김양호의 『베트남, 베트남』(2005)도 부분적으로 라이따이한에 대하여 다루었다.

베트남전에서 한국군에 의한 민간인 학살 문제는 일찍이 송영의 『선생과 황태자』에서 언급되었고 『훈장과 굴레』에서 과실사고로서 언급되었다. 근래에는 안재성이 『황금이삭』에서 베트콩의 사격에 대응하여 "그들의 가족, 그들의 민족에게 복수하는" 학살의 현장을 고발한다. 김용성의 『기억의 가면』도 무모한 전술로 많은 한국군이 사망하자 길가에 보이는 검은 옷 입은 자들을 무조건 사살하라는 명령에 따라 베트남 민간인들을 학살했음을 단편적으로 적었다. 베트남 민간인 학살 문제를 전면적으로 제기한 것은 방현석의 『랍스터를 먹는 시간』(2003)이다. 한국 투자기업에 종사하는 한 베트남 남성은 한국인 관리자들과의 갈등 끝에 회사를 떠나 고향으로 돌아가고 말았는데, 한국인 관리자가 찾아간 그 베트남 남성의 마을이 베트남전쟁 때 한국군에 의해 민간인들이 집단 학살된 지역임을 알게 된 후 반성과 화해에 이른다는 내용으로 구성되었다. 베트남 소수민족 중 하나인 에데족[15] 거주지역에서 민간인 집단 학살을 당한 마을 사람들이 '따이한 제삿날'을 함께 지내는 현장을 그렸다. 여기서 작가는 단지 민간인 학살이라는 범죄행위를 고발하는 데 주력하기보다 전쟁의 비극을 반성하고 극복하려는 데 주된 목표를 두었다.

변화하는 시대상과는 동떨어지게도 하림의 『사이공의 슬픈 노래』(2003)는 '람보'의 활약상을 떠올리게 한다.[16] 주인공 하림은 전투 중 베트콩을 세 명이나 일격에 처치한다든가 헬리콥터가 피격당하여 정글에떨어져 베트콩에 사로잡히자 총상을 입고도 탈출하여 소수민족 마을을 베트콩의 지배로부터 구출한다든가 하는 용맹무쌍함을 보여주었다. 여기에 헌신적인 소수민족 여인 및 베트남 여인과의 사랑, 마피아와의 군수품 밀거래를 겹쳐놓았다. 작가는 우리에게 소설적 재미를 주지만, 베트콩을 단지 처치해야 할 적으로만 보는 냉전적 사고에서 벗어나지 못한 듯하다. 그것은 그의 말대로 "참전의 의미, 살고 죽는 생존의 문제니 하는 사변적인 것들은 스무 살을 갓 넘긴 혈기왕성한 나를 지배할 수 없었고, 사나이답게 전쟁을 치르러" 베트남전에 참전했기 때문이었을 것이다. 이는 과거 한국 정부의 공식적 베트남전 담론에 부합한다는 점에서 복고적이며, 현대 사회에도 여전히 많은 사람들, 특히 참전용사들의 인식과 상통한다는 점에서 현재적이다.

하림, 『사이공의 슬픈 노래』

근래 베트남을 소재로 한 현대 한국 소설에서는 베트남인들의 시각을 충분히 담으려 시도하고 있다. 사실 그동안은 많은 소설들에서 마치 할리우드 영화에서처럼 베트남인들을 소품으로 쓰는 경향이 있었다.[17)] 특히 방현석의 『존재의 형식』(2003)과 『랍스터를 먹는 시간』은 전쟁의 비극을 겪은 베트남인들을 전면에 등장시켰다. 『존재의 형식』은 전쟁에 참전하였다가 간신히 생존한 한 시나리오 작가 겸 시인의 당당한 자세를, 『랍스터를 먹는 시간』은 한국군에 의해 자행된 민간인 학살 지역에서 살아남은 사람이 한국 투자기업에 근무하면서 겪는 갈등 상황과 경제적 이해에도 굴하지 않고 자존심을 지키는 정황을 그렸다. 베트남인을 주인공으로 한 이재인의 『꽁까이 베트남 연가』(2005)는 자기를 떠나

해방전선으로 갔던 심약한 베트남 애인과 결별하고 한국인과 결혼한 한 베트남 여인의 기구한 삶의 역정을 그리고 있다.

이처럼 1980년대까지 나온 소설이 베트남전쟁 자체에 좀 더 치중하여 반제국주의적 정서를 강하게 표출하였다면, 1990년대 이후 소설에서는 좀 더 균형적인 시각 속에서 베트남전의 다양한 사회적 영향과 전쟁의 비극을 극복하려는 시도가 이루어졌다.

## 2. 베트남에 대한 인식의 변화

이상과 같은 현대 한국 소설이 대체로는 한국 사회의 변화하는 시대상을 반영하고 있지만, 그 흐름 속에서 베트남 또는 베트남인들은 어떻게 그려지고 있는가? 초기 소설에서 한국인들, 특히 참전용사의 대부분은 베트남인을 미개인 취급하는 아류 제국주의자의 태도를 보이다가, 그들과의 관계가 밀접해지면서 유사한 역사를 공유한 민족임을 공감하고 연대의식을 발전시키는 것으로 변해간다. 이러한 상황이 어떻게 소설 속에서 묘사되었는가를 살펴보자.

### 1) 아류 제국주의자의 시각

베트남전쟁 초기 대부분 한국군들의 베트남에 대한 이해는 한마디로 매우 낮은 수준이었다. 그들은 베트남인을 미개하고 부패하며 이기적인 인간들로 보았고, "점령군 모양 교만을 떨고 [베트남인들을] 얕잡아" 보았다.[18] 한국인 병사들은 미군들을 흉내 내어 베트남인을 '국(gook)'이라 부르며 자신의 위상을 미국인 정도로 격상시키려 하였다. 한국전쟁시 미군이 한국인을 비하하여 부르던 '국'이라는 호칭을 베트남전쟁에서 한국인들이 베트남인을 부를 때 쓴 것이다. 그러나 미국인들에게 있어 한국인이 '국' 이상은 될지라도 노란 동양인으로서 백인에 미칠 수는 없었다.

한국인들이 전반적으로 가졌던 베트남인에 대한 왜곡된 이미지는 근거 없는 소문으로 더욱 강화되었다. "베트콩 동지들이 마을로 내려가 겁을 주느라고 어린아이의 손목과 발목을 작두로 잘라 버리는 광경을 본 적이 있었다"고 하는 근거 없는 소문들은 베트콩에 대한 적개심을 부추겼다.[19] 영화 〈디어 헌터〉에서 베트콩들이 무료함을 달래기 위해 포로들에게 러시안 룰렛 게임을 시켰다고 하는 근거 없는 이야기의 연장선이다. 그러나 이런 소문들이 반드시 맞지는 않을 것이라는 의심도 있었기 때문에, "야간 전투가 벌어질 때 베트콩 결사대원들에게 혼몽한 정신으로 물불을 가리지 않고 싸우다 죽으라고 아편 주사를 놓아 주었다는 […] 사실은 누군가의 못된 모략일 수밖에 없었다"라고 생각하기도 한다.[20] 또한 베트콩 포로를 보고, "저렇게 초라하고 무기력해 보이고 가냘픈 사람들이 양민을 무더기로 생매장하고 벌목도로 쇠고리를 치듯 인간의 목과 팔다리를 자르는 잔혹한 행동을 한다는 것이 거짓말처럼 느껴졌다"라고 하여 베트콩에 대한 소문들이 뜬소문일 것이라는 추측도 한다.[21]

한국군 병사들은 이렇게 미개한 사람들을 위해 베트남전에 참전한 것이 못내 못마땅하였다. 베트남인들은 "이들의 다툼에는 아랑곳없이 그 사이 허연 엉덩이를 까고 길가에다 오줌을 누는 중년 여인"처럼 갈등 속에서도 자기의 삶만 꾸려나가고 있는데,[22] 베트남인들의 "하찮은 삶이 계속되게 해주려고 들판에서는 한국인들이 피를 흘리며 싸웠다"라고 술회한다.[23] 병사들은 베트남의 자유를 지키기 위한 그들의 노고에 대한 대가 없이 베트남인들이 차지하는 것에 대한 불만을 토로한다.

> 월남인들은 이 전쟁이 우리들 탓이라고 생각해요. […] 헌데 우리는 무엇 때문에 이 고생을 하며 싸우다 죽나요? 고마워하지도 않는데 말이에요.[24)]

또한 "우리가 철수해 버리고 난 뒤에 월남인들이 [교량을] 사용하게 될 것이다. 그 월남인들이란 뻔뻔스럽고 태평하며 한편 퇴폐적인 족속들이다"[25)]라고 묘사하였다. 이처럼 전쟁 초기 한국인들이 보는 베트남인들은 일반적으로 미개하고 야만적이고 이기적인 인간들이었다.

한국인들은 베트남 여성에 대해서도 비하하고 있었다. 또한 베트남 여성은 대체로 한국인 남성의 의지에 따라 사랑에 빠지는 존재로 여겨졌다. 『머나먼 쏭바강』에서 주인공 황일천 병장이 나중에 사랑하게 되는 빅뚜이를 처음 만났을 때, "넌 기껏 매춘부 동네에 사는 야만국의 처녀가 아니냐"라는 생각을 했고 다른 병사는,

> 이 계집애가 제 나라의 대부분 여자들 모양 팬티도 안 입으며, 어쩌면 아무 도로변에서나 궁둥이를 까고 오줌을 눌지도 모르며, 더욱이 아무 사내에게나 질질 흘리고 다닐지도 모른다고 짐작했다.[26)]

황병장이 빅뚜이와 사랑을 나누고 난 뒤에 그의 아내가 되겠다는 여자의 말에 이렇게 독백한다.

> 그런데 그 단란한 집안풍경을 깨뜨리고 이 가무잡잡한 여자를 집안에 불러들인단 말이지? 혀가 들랑거리는 중국말과 비슷한 괴상쩍은 말

씨를 쓰고, 들창코에다, 어딘가의 구석에는 서양사람 냄새마저 풍기는 이 여자를? 어려운 얘기지. 그리고 넌 2세를 생각하지 않으면 안 돼. 그 애가 태어나서 제대로 자라 한국 사람과 동화될 때까지 죄 없는 튀기가 겪어야 하는 설움을 넌 왕왕 보아오지 않았느냐.[27]

그는 "아직 우리네는 미국인이든 월남인이든 원숭이 취급을 한단 말이야" 하며 그의 청혼을 거절하고 만다. 황석영도 『무기의 그늘』에서 한국인 여성 오혜정을 '고급' 창녀로 그려, 베트남인과 대비시켰다.

또한 베트남 사회를 부패한 사회로 그리고 있다. 사실 베트남전쟁 당시 이념적 갈등과 부패는 널리 퍼진 현상이었다. 당시 베트남의 현실은 『머나먼 쏭바강』에서 주인공 황일천의 여인 빅뚜이의 가족에 구현된다. 큰아버지는 남베트남의 부패와 밀수를 축재의 수단으로 삼는 사업가로, 냐짱(Nha Trang)의 3층짜리 거대한 석조건물에 셋째 부인을 두고 사이공에 넷째 부인을 두고 산다. 그에게는 남부 공군 파일럿으로서 이미 전사한 첫째 아들, 공수특전단 대위인 둘째 아들, 후에(Hue) 법과대학 학생이면서 해방전선(NLF)에 참여하는 셋째 아들이 있다. 셋째 부인은 둘째 아들과 정을 통하는 사이이다. 이러한 가족의 구도는 남베트남의 부패한 현실을 잘 반영한다. 한 집안에 반정부단체에서 활동하는 대학생이 있는가 하면, 남부 공수특전단 대위, 부패로 부를 획득하는 사업가, 그에 기생하여 사는 첩, 버려진 본부인 등이 공존한다. 『무기의 그늘』에서도 해방전선 공작원인 팜민의 가족 중, 형 팜꾸엔은 사이공 대학을 나와 중부 꾸앙남(Quang Nam)성 성장의 부관실장을 하던 인물로, 군에 입대하여 소령으로서 현 직위에 있으면서 온갖 부정한 방법을 통하여 부를 축적해간다. 팜민은 후에(Hue) 의과대학을 다니다 해방전선에 지원하여 도시 게릴라 활동을 하는, 휴머니즘과 민족애를 겸비한 인물이다. 여기서도 남베트남 정부에 동조하여 부와 권력을 누리는 자, 민족의식에 충실한 젊은 대학생, 양편을 모두 둔 가족 내 이념적 양분현상을 안타까워하는 다른 가족들로 구성된다.

독자들은 베트남의 가족 구성을 통하여 전쟁이 가족에 구현된 실상을 보게 된다. 여기에서 남베트남 사람들은 두 부류로 나뉜다. 부패를 먹고 자라는 남부 지배층과 미국의 달러를 챙기려 달려드는 여인들이 한 부류라면, 민족과 사회정의에 대한 의식을 지닌 소수의 젊은 대학생 반정부주의자들이 다른 한 부류다. 후자도 이념에 충실한 존재이기보다는 인권탄압에 대한 저항, 민족의 장래 등에 주된 관심을 가진 자들이다.

한국인들의 왜곡된 인식은 베트남에 대한 무지에서부터 비롯된다. 『머나먼 쏭바강』에서 작가가 한국인들이 흔히 부르듯이 남베트남을 월남(Vietnam), 북베트남을 월맹(Vietminh)이라고 칭한 것에서도 드러난다.[28] 이러한 인식의 한계는 작가 개인적 시각의 문제라기보다는 당시 한국 사회 전반의 무의식의 문제라고 해야겠다. 이후 황석영이 『무기의 그늘』에서, 이상문이 『황색인』에서 베트남 역사에 대한 내용을 많이 삽입한 것은 이러한 한국인들의 인식의 한계를 극복하고자 하는 바람에서일 것이다. 한국군 병사들은 베트남 역사에 무지하여 베트남인들을 미개한 종족이라고 여겼다.

다만 드물게도, 황석영은 이러한 일반적 경향에 따르지 않았다는 점에서 선구적이었다. 그는 당시 한국 사회의 시대상을 뛰어넘어 베트남에 대한 이해를 추구하였다. 『탑』에서 그의 베트남에 대한 이해는 깊다. 불교 신자가 다수인 베트남에서 탑은 종교적 사물인 동시에 민족적 표상이기도 하다. 『탑』의 화자는 당초 이 초라한 물건을 지켜야 하는 것이 임무라는 것에 억울함을 토로하였으나, 곧 그 의미를 이해하게 된다.

> 실로 그것은 탑이라는 거창한 말을 붙이기엔 너무나도 초라한 물건이었다. […] 자세히 윗부분을 관찰하면서 나는 차츰 그렇게까지 초라한 것은 아님을 깨닫게 되었다. […] 부녀들의 옷자락과 긴 띠와 손가락들의 윤곽은 아주 섬세했으며, 부처님의 거의 희미해진 조상은 그래서 더욱 신비로워 보였다. 짐작컨대 이것이 지방민의 사랑과 애착의 대상이리라는 것이었다. […] 그것을 차지하는 쪽은 주민들의 신뢰와 석가여래의 가호를 받고 있다는 확신이 들었을 것이었다. 그러한 양편의 관심으로 해서 탑은 이 전쟁의 한 상징적인 물건이었다.[29)]

군사전략적 가치이기는 했지만 『탑』의 화자는 베트남 문화를 존중하고 이를 지키려 하였다. 그러나 약소국의 문화를 무시하는 불도저로 표현되는 거대한 미국의 힘에 눌려 그 노력은 결국 수포로 돌아가고 말았고, 한국인들은 이를 받아들일 수밖에 없었다.

### 2) 편향된 인식의 극복

한국군 병사들이 가졌던 베트남에 대한 무지와 왜곡된 인상은 베트남인들과의 접촉을 통하여 또는 한국과의 비교를 통하여 무지에서 벗어나 반성과 연대감으로 발전하여 간다. 전쟁을 함께 겪으며 한국인들은 베트남에 대한 인식을 넓히고, 이전의 행태를 반성하며 극복하려는 의지를 보인다. 베트남을 미개한 곳, 야만적인 곳으로 묘사한 것은 아류 제국주의자의 표현이었고, 그들은 이로부터 벗어나려는 노력을 계속한다. 당초 베트남인들이 미개하고 염치없는 사람들이라고 생각했던 편견은, 특히 베트남 여인과의 사랑과 민족애를 지닌 젊은이와의 교우 속에서 점차 바뀌어 갔다.

베트남으로의 접근은 대부분 소설에서 베트남 여성과의 사랑을 통하여 이루어진다. 『머나먼 쏭바강』에서 주인공 황일천은 처음에는 베트남 사회를 멸시하지만 베트남 여성과의 교제를 통하여, 민족적 자긍심을 지닌 베트남인을 발견해 간다. 달랏(Da Lat)대학 학생인 빅뚜이와의 연애를 통하여 사실상 베트남과 동떨어졌던 한국과 베트남의 관계가 인간적 유대로 발전해야 함을 느끼게 된다. 한국군 병사와 사귀게 된 빅뚜이도 "미국의 입장에 실려 온 한국군이라는 사실을 충분히 생각했으면서도 […] 당신의 나라와 저희 나라가 서로 비슷한 처지에 처해 있던" 점 때문에 가까워지고 싶었다고 심정을 토로한다.[30] 『머나먼 쏭바강』에서 황 병장은 베트남에 대해 변화된 인식을 이렇게 표현했다.

> 여태까지 우리들은 부대 앞의 운치 없는 민숭한 들판이나 사이공 따위의 퇴폐적인 도시만이 이 나라의 모두라고 알고 있었다. […] 여지껏 한국군으로서의 내 사고와 저들의 저 사실적인 생활이 서로 굳게 묶여져 있었던 것은 거의 없다. 가슴과 가슴이 뜨겁게 만나야 하는 것이 중요하다. 우리가 전쟁에 끼어든 목적이 저들의 저 전통적이며 끈질긴 생활을 보호하기 위한 것이라는 인간적인 바탕이야말로 유익하며 또한 전쟁에도 유리하다. 아니라면 나처럼 최소한 한 여자와의 연애 과정을 통해서나마 그걸 이해할 수도 있다.[31]

특히 2000년대 발표된 소설에서는 대체로 베트남 여성이 한국인 남성의 고통을 품어 주어 마음의 평안을 주는 존재로 그려진다. 『랍스터를 먹는 시간』에서 우옌(응웬) 티 리엔은 힘들어하는 주인공 건석을 보듬는 섬세한 여성성과 랍스터를 다듬을 때처럼 거침없는 남성성을 함께 보여준다. 『사이공의 슬픈 노래』에서는 소수민족 마을을 구하는 하림에게 처음부터 연정을 느끼고 마피아에 몸담으면서도 다시 만나 아기를 출산하는 소수민족 여인 다랑, 자기가 연모하는 하림과 그의 첫사랑 소수민족 여인 사이에 출생한 아이를 주저 없이 받아들이는 자이란 등을 등장시켜 베트남 여인의 지조, 강인함, 너그러움 등을 보여주었다.

또한 베트남으로의 접근은 남베트남 정부에 반대하며 민족주의를 추구하는 젊은 지식인과의 정신적 교류를 통하여 이루어진다. 『황색인』에서 주인공 박노하는 한 · 미 · 월 연락사무소에 함께 근무하는 띠엔 상병의 비밀 아지트를 방문하여 민족주의자들을 만나면서 베트남 역사를 알게 되고 베트남의 현실에 대한 올바른 인식을 갖게 된다. 『황색인』에서 한 병사가 "월남인들은 달라. 게으르고 염치없는 족속들"이라고 폄하하자, "그네들은 우리 민족보다 우수해. 프랑스와 백여 년 간의 전쟁에서 이겼고, 또 미국과도 지치지 않고 싸움을 계속하고 있어"라고 응대하며, 베트남인들의 불굴의 정신을 인정하기에 이른다.[32] 그럼으로써 박노하 병장은 과거 애인으로부터 "한 시절 사랑이 민족의 해방을 찾아가는 동지애로 결실 맺을 수 있도록 하자"는 편지를 받고 사랑을 민족해방의 동지애로 승화시키려 한다.[33]

한국과의 비교를 통한 베트남에 대한 인식의 전환은 여러 소설에서 제시되었다. 베트남인을 깔보던 병사들도, "한국전쟁에서 미군의 하우스보이 노릇을 하던 우리들을 위해 지금 하우스보이 노릇을 하는 월남의 굶주린 아이들"[34]을 보며 연민의 정을 느끼게 된다. 『애별』에서 박상엽은 베트남인 훙(Hung)과의 대화 속에서 베트남과 한국은 오랫동안 같은 문자를 사용하였고, 식민지 경험을 가졌으며, 외국 세력의 침입에 저항하는 역사를 공유한 점에서 연대감을 느끼게 된다.

현대 베트남 사회를 배경으로 한 『베트남, 베트남』에서 주인공은 라이따이한 여성이 찾는 한국인 아버지 사진 뒷면에 동명이인인 자기 이름이 적힌 것을 보고, 여행하면서 자기에게 바가지를 씌우고 속였던 베트남인들이 실은 내 과거의 모습이었고, 뻔뻔하고 무례하고 거짓말을 일삼는 그들의 얼굴이 실은 지난날의 내 얼굴이었다는 것을 깨닫고 자신의 정체성을 다시 한 번 되돌아보며 베트남인에 대한 오해를 극복해 간다.[35]

그럼으로써 타자로서만 위치했던 베트남인은 한국인과 대등한 관계가 된다. 김용성의 『기억의 가면』에서 적이긴 하나 베트콩도 한국군처럼 전우애를 갖고 그들의 희생에 분노하는 인간들로 그림으로써 균형적 시각을 취하려 하였다. 이 소설 속에서 주인공 진성은 "소대장과 대원들의 시체를 확인하면서 지니게 되었던 것 못지않은 분노와 복수심을 호앙[베트콩 이름]도 품고 있었을 것이다"라고 이해를 넓히고 있다.[36]

2000년대에 들어서는 베트남전쟁과 베트남 사회의 이면을 고발하는 이전의 경향으로부터 자기반성과 이를 극복하려는 태도가 두드러진다. 방현석은 『존재의 형식』에서 레지투이라는 베트남남부해방민족전선 출신 영화감독, 『랍스터를 먹는 시간』에서 보반러이라는 베트콩 출신 노동자를 등장시켜, 전쟁의 고통을 겪고 조국을 지켰던 베트남인들의 당당함을 보여준다. 그는 여기에 통역료를 깎으려는 한국인 변호사 친구와 베트남인들을 고용하여 먹여 살린다는 한국인 투자기업 관리자들의 오만함을 대비시켜, 일부 한국인들의 천민 자본주의적 속성을 비난한다. 『존재의 형식』에서 레지투이는 300명의 부대원 중 살아남은 5명에 속했던 사람으로 전선에서 죽어간 시인 지망생 친구의 이름을 필명으로 삼은 '반레'라는 실제 인물이다. 그는 베트남인들의 삶에 대하여 이렇게 회고한다.

우리는 공산주의를 위해서 싸운 것이 아니고 공산주의를 살았어요.

[…] 나의 삶을 지탱해 온 것은 거창한 이념이 아니라 어머니가 우리 형제들을 기르면서 가르쳐준 사소한 것들이었어요.[37)]

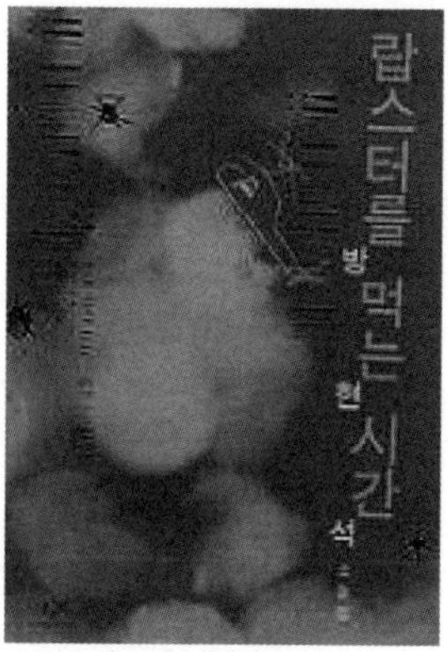

방현석, 『랍스터를 먹는 시간』

이를 바라보는 한국인 주인공 재우는 고난을 이겨낸 그의 당당함에 베트남에 대한 잘못된 인식을 반성하고 이해의 폭을 넓혀 간다. 『랍스터를 먹는 시간』에서 보반러이는 전쟁 중 한국군에 의해 민간인 학살이 자행되었던 지역 출신자로 한 한국계 투자기업에 근무하다 한국인 관리자들과의 갈등으로 귀향한다. 그를 찾아간 한국인 관리자 건석이 그 마을에 도착한 날은 '따이한 제삿날'이었고, 그는 전쟁 중 마을에서 한국군에 의해 137명이 희생되고 3명만이 살아남은 민간인 학살 이야기를 듣는다. 열세 살 때 그 참극을 겪은 보반러이는 복수를 하지 못하고 죽는 게 유일한 두려움이었다고 생각하였지만, "우리야 제 땅을 지키고 살려니까 어쩔 수 없이 죽고 싸우고 했지만 아무 관계가 없는 남의 나라에 와서 죽고 다친 따이한들은 뭔가"라는 한 노인의 말에 마음을 누그러뜨리며 화해의 제스처를 취한다.[38)] 민간인 학살 마을을 보고 온 건석은 랍스터가 상처 입은 자기의 다리를 스스로 잘라내듯이 왜 한국인들이 베트남전쟁에서의 잘못을 인정하고 극복하지 못하는가를 한탄한다.

황석영처럼 일부 작가들은 1970년대 초에도 당시 한국 사회의 전반적 인식의 한계를 넘어 이미 베트남에 대한 바른 인식을 가지고 있었지만, 1970~80년대 대부분 작가들은 시대적 이념에 구속되어 있었다고 할 수 있다. 1990년대 이후 한국 사회의 변화는 베트남에 대한 한국인들의 인식의 변화로 나타났다. 한국인들은 예전에 비하했던 베트남인들이 이제 자신들의 고통을 넉넉히 껴안아주는 존재라고 느끼고, 마침내는 고난의 역사를 이겨낸 베트남인들의 불굴의 의지에 경외심을 갖기에 이른다. 이제 한국인들은 전쟁의 비극을 겪으며 아직은 가난하지만 굳센 의지를 지닌 베트남인을 발견하며, 냉전시대에 베트남에 개입했던 한국을 포함한 외세에 대해 이렇게 반성한다.

> 저 아이들의 아버지들이 열고 물소들이 넓힌 길을 이 차가 지금 가고 있는 거야. […] 물소의 맨 등에 앉아 고스란히 비를 맞으며 어둠을 밟고 집으로 돌아가는 어린 소년들의 뒷모습에는 범접해서는 안 될 삶의 근원적인 그 무엇이 서려 있었다. […] 이 길의 주인은 처음부터 물소와 소년들이었을 것만 같았다. 그들에게는 비킬 수 있는 길도 없었지만, 비켜야 할 이유도 없었다. 누구에게도 그들에게 경적을 울리고 전조등을 껌뻑일 권리는 없었다.[39]

## 3. 문학의 정치사회학

한국 현대 소설 속에서 그리고 있는 베트남은 대부분 이 당시 작가들의 직·간접경험을 통해 구성되었다. 작가들의 인식은 작가 내면뿐 아니라 한국의 변화하는 시대상과도 결부되어 있었다. 한국인들이 베트남을 본격적으로 접한 것은 1964년 병력을 파견하면서부터다. 한국은 1964~1975년 사이 베트남전쟁의 열전에 연 32만여 명의 병력을 베트남에 파견하였다. 당시 한국은 베트남 못지않게 가난한 개발도상국이었고, 막 산업화를 개시한 시점이었다. 그럼에도 불구하고 한국인들은 파병국으로서 우월감을 가지고 있었고 베트남에 대한 아류 제국주의적 (quasi-imperialistic) 시각을 지니고 있었다. 공식적으로는 자유진영의 중심축인 미국과 제3세계 사이의 중간자적 입장에서 베트남의 자유를 수호하는 것이 주된 임무라고 인식하고 있었다. 이러한 중간자적 위치는 베트남전 참전병사들의 증언에서도 나타난다. 윤충로의 조사에서도 당시 한국군들이 베트남인들에 대해 우월의식을 가졌음을 이렇게 말하였다.

> 월남 사람들이 한국 사람들을 우상으로 쳐다보는 입장이었어요. [⋯] (우리를) 위로 보는 거지. 우리가 미국 사람들 보는 거하고 똑같은 거지. 어렸을 때는 우리도 미국 사람들을 위로 쳐다봐야 됐어. 잘사는 나라고 힘 있는 나라고 해서 그렇게 봤거든.[40]

이에 따라 한국인들은 베트남과 같은 처지의 제3세계 국민들이었지만, 이로부터 벗어나 미국의 제국주의적 인식을 공유하였고, 아류 제국주의자로서 인식하고 행동하기에 이른다. 한국인들은 은연중 오리엔탈리즘을 복제하여 내면화하고 있었던 것이다.[41] 따라서 한국인들 다수의 베트남에 대한 지식은 일천하면서 그 인식은 왜곡된 형태였다. 따라서 베트남에서 한국인들의 인식과 실재의 거리는 자못 컸다.

베트남에 대한 편향된 인식으로부터 벗어나는 것은 먼저 작가 개인의 휴머니즘으로부터 비롯되었다. 베트남에 대한 부정적 인식으로부터의 탈피는 세 가지 경로를 통하여 수행되었다. 첫째, 한국 남성과 베트남 여성들과의 사랑을 통하여 이루어진다. 베트남 여성들은 인간애나 모성애를 발현하는 존재로서, 한국인 남성들이 불안한 현실로부터 도피하여 찾아가는 안식처로 기능한다. 둘째, 한국인들은 비판적 의식을 지닌 민족주의적 베트남 청년, 항전에 참전했던 퇴역군인 등을 통하여 베트남의 민족주의를 인식하게 되고, 이념적 기준으로만 바라보았던 시각에서 벗어나 베트남을 민족주의적 시각으로 새롭게 이해하게 된다. 셋째, 한국인들은 베트남과 공통된 식민 지배 경험을 떠올리고, 한국전쟁에서 미군과 한국인의 관계를 베트남전쟁에서 한국군과 베트남인의 관계로 유추하여 상호 연대의식을 형성해 나간다.

그러나 많은 작가들이 탈피 경로를 한국 남성과 베트남 여성의 구도로 전환하여 한국의 남성성을 강조한 것은 어딘지 모르게 오리엔탈리즘의 구도와 흡사하다. 전투적인 남성과 평화로운 여성이 이에 결부된다. 이렇게 무력에 기초한 제국주의자의 시각으로부터 벗어나려 했지만, 문화적 제국주의의 한계를 완전히 벗어날 수는 없었다.[42]

다른 한편, 한국인의 베트남에 대한 편향된 인식의 변화는 한국 사회의 시대적 변화와 연관되어 있어 최근으로 올수록 왜곡된 인식은 상호 이해를 통한 인식으로 전환한다. 1970년대는 권위주의 정권 하에서 많은 지식인들이 인식의 한계를 가지고 있었다. 베트남 파병 시 대부분 한국인들은 역사상 최초의 해외파병이라는 자부심을 갖고 있었고, 파병 당사자들 대부분은 젊음의 낭만을 지니면서 자유 수호 용사라는 국가의 공식적 담론을 의심치 않았다. 안정효가 자전적으로 말하듯이, 참전 한국군들 대부분은 한국 정부가 부르듯이 자신을 "정의와 평화의 십자군에 상응하는 낭만적 모험을 떠나는 영웅"으로서 공상하였다.[43] 한국 정부는 영웅 만들기에 힘썼고, 한국인들은 베트남인들의 구원자로서 그리고 한국에 대한 애국자로서 스스로를 자리매김하였다. 이런 점에서 보면, "베트남이란 전장을 젊은 날 낭만적 사랑의 통과제의를 화려하게 치장하는 '신화적' 현장으로 설정한 혐의가 보인다"고 하거나,[44] "서방 제국주의의 용병으로서 참전하여 도리어 베트남 민족의 탈식민에 장애가

되었던 우리의 입장을 객관적 시각에서 냉철히 파악하지 못하고, […] 제3세계적 인식이 서구 제국주의의 식민성을 교묘히 은폐시키는 일환으로 전도될 수 있다"라고 한[45] 작가들에 대한 비판은, 작가들에게 돌리기보다는 그들의 작품 속에 구현된 당시 한국 사회의 시대상으로 돌리는 것이 적절할 것이다. 당시 한국의 국가 이념적 헤게모니는 강력하였다. 당시 야당 지도자나 문인들조차 한국군 파병에 대해 찬사를 보내고 있었다.[46]

그럼에도 불구하고 드물지만 황석영처럼 당시 시대적 인식의 한계를 뛰어넘은 작가들도 눈에 띈다. 앞서 언급한 바와 같이 황석영은 1970년 『탑』에서 베트남의 사회문화적 가치를 수호하려고 노력하며, 반제국주의적 정서를 초보적으로나마 드러냈다.

1980년대 한국 사회는 1979년 유신시대의 종말과 1980년 민주화의 봄, 광주민주화항쟁으로 그 문을 열었다. 이 과정에서 정치군인들의 무력동원을 미국이 방조했다는 이유로 한국 사회에 반미주의가 급속히 확산되었고, 미국을 제국주의 국가로 보는 시각이 보편화되었다. 대표적으로 황석영의 『무기의 그늘』과 이상문의 『황색인』이 이러한 경향을 분명히 드러내었다. 베트남에 대한 인식의 변화도 1970년대까지는 대부분 개인적 휴머니즘을 기반으로 한 반성적 결과였다고 한다면, 1980년대 이래의 경향은 반미적이고 반제국주의적 사회 전반의 이념적 변화와 연관되어 제3세계를 인식하는 것에 기반하고 있었다. 이는 동시에 한국인과 베트남인의 연대의식으로 발전해 간다.

1990년대 이래 한국 사회의 민주화와 냉전시대의 종료는 한국인들에게 새로운 시야를 열어 주었다. 이념적 양분화로부터 다원적 사고의 확산과 사회의 다원화가 진전되었다. 베트남과의 관계에서도 과거의 상처를 인정하고 이를 극복하려는 의지를 강하게 표출하고 있다. 이렇게 작가들이 최종적으로 추구하고자 한 가치들은 상대의 존중과 상호이해, 연대감이었다. 이는 크게는 동아시아 평화, 공동번영의 모색으로 발전될 수 있는 자원들이다. 또한 다문화 사회를 이루는 현대 한국 사회에서 실현되어야 할 가치들이기도 하다.

## 4. 맺음말: 한국 사회의 시대상과 베트남

현대 한국 소설 속에서 그리듯이 베트남 땅을 처음 밟은 한국군 병사들은 베트남인들의 자유를 수호해 준다는 일종의 아류 제국주의적 우월감에 젖어 있었다. 혹자는 이러한 비서구인의 제국주의적 시각을 '유색 오리엔탈리즘'[47] 또는 '복제 오리엔탈리즘'[48]으로 개념화하였다. 서구인의 오리엔탈리즘이 어느 샌가 동양인에게 내면화되어 서구적 시각과 이해를 갖게 되었다는 것이다. 어떤 개념으로 이해하든 베트남에 대한 한국인의 아류 제국주의자적 시각은 베트남에 도달한 많은 한국군 병사들에게 보편적인 것이었다.

그러나 한국인들은 베트남인들의 삶에 접근하면서 한국과의 역사적 유사성에 동류의식을 깨닫고, 베트남전쟁의 본질에 대해 고민하고, 한국의 아류 제국주의에 대한 비판을 넘어 이것을 반성하고 극복하고자 하였다. 베트남전쟁이 표면적으로는 자유세계를 수호하기 위한 것이었지만, 공산주의와 자유주의 간의 이념전쟁인 동시에 미국 제국주의에 항거하는 민족해방전쟁이었고, 어떤 이념과도 무관하게 인간의 생존 자체를 추구하기 위한 전쟁이었다는 인식에 이른다. 동시에 참전한 병사들은 국가의 명령을 수행하면서도, 곧 정의롭지 못한 전쟁 속에서 비인간적

행위에 따르는 정신적 고통을 감내해야 했다. 이로 인해 김양호의 말처럼 한국인들은 베트남에 대해 "청산하지 못한 묵은 빚이 남았다고 생각하거나 [⋯] 지은 죄 없이 느끼는 죄책감"을 가지게 되었다.[49)]

이상의 베트남에 대한 인식의 변화는 작가들 개인의 내면적 변화이기도 하지만 1970~90년대를 통과하면서 민주화, 다원화를 달성한 한국 사회의 시대상을 반영한 것이기도 하다. 현대 한국 소설에서 후대로 갈수록 베트남에 대한 반성적 경향은 더 강화되는 경향을 나타내고 있다. 한편 한국 소설 속의 반성적 전개와는 다르게, 베트남전쟁 참전 당시와 같이 냉전적 사고를 기반으로 한 복고적 담론도 여전히 존재한다. 이는 한국 현대사회에 베트남과 베트남전쟁에 대한 한국 사회의 기존 시각이 여전히 존속하고 있음을 보여주는 것이기도 하다.

베트남전쟁에서 적으로 만난 두 나라는 과거의 비극을 딛고 넘어 이제 새로운 협력의 동반자가 되었다. 개발도상국인 베트남에 대한 한국의 경제적 협력은 베트남 성장에 크게 기여하고 있다. 이런 속에서 일부 한국인들은 '문명화 사업'을 수행하던 제국주의자들처럼 아직은 가난한 베트남인들을 하대하는 천민 자본주의적 속성을 드러내기도 한다. 그러나 경제적으로 자만하는 한국인들 앞에 역사적으로 당당한 베트남인들이 서 있음을 현대 한국 소설의 작가들은 드러낸다. 작가들은 우리에게 아류 제국주의적 인식에서 벗어나 대등한 상대로서 상호이해와 공존하려는 노력을 요구하고 있다.

# 미주

## 1. 총설: '앎'과 '권력'의 관계 속에서 만나는 동남아시아

1) George Coedès, *Histoire ancienne des états hindouisés d'Extrême-Orient* (Hanoi, 1944).
2) George Coedès, *Les états hindouisés d'Indochine et d'Indonésie* (Paris, 1948).
3) George Coedès, *The Indianized States of Southeast Asia*, trans. by Sue Brown Cowing(Honolulu, 1968).
4) Vito Castinglione Minischetti, Giovanni Dotoli, Roger Musnik(dir.), *Le voyage français en Italie des origines au XIX^e siècle. Bibliographie analytique*. V. II(Fasano; Paris, 2007), p. 25.
5) Nivoelisoa Galibert, *Chronobibliographie analytique de la littérature de voyage imprimée en français sur l'Océan Indien(Madagascar-Réunion-Maurice) des origines à 1896*(Paris, 2000), p. 15.
6) 다음의 여행기 분석 서지는 베르나댕 드 생피에르(Jacques Henri Bernadin de Saint-Pierre)가 쓴 18세기 프랑스의 대표적인 여행 소설 『폴과 비르지니(*Paul et Virginie*)』(1789)를 비롯한 몇몇 소설을 여행기에 포함시킨다. Nivoelisoa Galibert, *Chronobibliographie analytique de la littérature de voyage imprimée en français sur l'Océan Indien(Madagascar-Réunion-Maurice) des origines à 1896*, p. 33.
7) R. Foulché-Delbosc, "Préface", *Bibliographie des voyages en Espagne et en Portugal* (Paris, 1896), p. 1.
8) Antoine Brébion, "Préface", *Bibliographie des voyages dans l'Indochine française du IX^e au XIX^e siècle*(New York, 1910), III.
9) Conrade Malte-Brun et Edme-Mentelle, *Géographie mathématique, physique et politique de toutes les parties du monde*, 12 vols(Paris, 1804)
10) Conrade Malte-Brun, "Notice critique des ouvrages et cartes géographi-

ques", *Géographie mathématique, physique et politique de toutes les parties du monde. Atlas*, pp. 17~18.

11) Conrade Malte-Brun, "Notice critique des ouvrages et cartes géographiques", p. 9.

12) 참고: Jacques Domenech, "Écriture de soi et récit de voyage: Chateaubriand et Rousseau à Venise", *Loxias*, n° 4, mis en ligne le 15 mars 2004, consulté le 20 août 2009; URL: http://revel.unice.fr/loxias/document.html?id=39 [온라인], 검색일 2009.08.20.

13) Sophie Linon-Chipon, *Gallia Orientalis: Voyages aux Indes orientales, 1529~1722. Poétique et imaginaire d'un genre littéraire en formation* (Paris, 2003).

14) 참고: Yasmine Marcile, "Le lointain et l'ailleurs dans la presse périodique de la seconde moitié du XVIII^e siècle", *Le Temps des Médias*, n° 8 (2007.01), pp. 21~33.

15) 인도차이나와 관련하여 다음의 연구를 참고할 수 있다. Donald F. Lach and Edwin J. Van Kley, *Asia in the Making of Europe. Vol. III. A Century of Advance* (Chicago, 1993), p. 1297; [Rédaction], "Indochine annamite: la connaissance du pays jusqu'en 1900", *Bulletin de l'Ecole française d'Extrême-Orient*, t. 21(1921), pp. 199~201.

16) Jean-Jacques Rousseau, "Discours sur l'origine et les fondements de l'inégalité parmi les hommes" (1755), *Œuvres complètes. T. I. Discours* (Paris, 1995), p. 272. 『인간 불평등 기원론』, 주경복 역 , 책세상, 2003.

17) G. Boucher de la Richarderi, "Avis des éditeurs", *Bibliothèque universelle des voyages*…, t. 1(Paris, 1808), i.

18) 김유철, 「동아시아에서의 경계넘기와 정보 · 교류」, 김유철 외, 『동아시아 역사 속의 여행 1』(산처럼, 2008), p. 31.

19) 임성모, 「동아시아 여행 속의 네트워크와 정체성」, 임성모 외, 『동아시아 역사 속의 여행 2』(산처럼, 2008), p. 23.

20) 조재곤, 「민영환, 『해천추범』」, 『한국사 시민강좌』 제42호(2008.02), pp. 124~125.

21) 2장의 〈부록 2〉 참고.

22) 참고: Edward Godfrey Cox, *A Reference Guide to the Literature of Travel. Including Voyages, Geographical Descriptions, Adventures, Shipwrecks and Expeditions* (Mansfield Centre, 2003(1935~1949)).

23) Vito Castinglione Minischetti, Giovanni Dotoli, Roger Musnik(dir.), "Introduction", *Le voyage français en Italie des origines au XVIII*[e] *siècle. Bibliographie analytique*, p. 7.

24) Harold. F. Smith, *American Travellers Abroad. A Bibliography of Accounts published before 1900* (Lanham, Maryland & London, 1999(1[st] ed., n. d.)), vii.

25) *Ibid*, vii~ix.

26) 참고: Vito Castinglione Minischetti, Giovanni Dotoli, Roger Musnik(dir.), *Le voyage français en Italie des origines au XVIII*[e] *siècle. Bibliographie analytique*; Harold. F. Smith, *American Travellers Abroad. A Bibliography of Accounts published before 1900*; John Theakstone, *Victorian & Edwardian Women Travellers. A Bibliography of books published in English* (Mansfield Centre, 2006).

27) 몇몇 논문의 예를 들면 다음과 같다. Yoo Mi-rim, "The Relationship between Joseon Envoys and Western Missionaries in Beijing in the Early 18th Century: Focusing on Lee Gi-ji's Iramyeon-gi"; Shin Ik-Cheol, "The Experience of Visiting Catholic Churches in Beijing and the Recognition of Western Learning Reflected in the Journals of Travel to Beijing"; Lee Hyung-dae, "Hong Dae-yong's Beijing Travels and His Changing Perception of the West? Focusing on Eulbyeong yeonhaengnok and Uisan mundap"; Grace Koh, "British Perceptions of Joseon Korea as Reflected in Travel Literature of the Late Eighteenth and Early Nineteenth Century".

28) 예외로 1930~40년대 베트남 및 동남아 관련 연구를 한 김영건은 한국 동남아 연구에서 독보적인 위상을 점하고 있다. 김영건과 관련하여 다음의 연구를 참고할 수 있다. 윤대영, 「김영건(金永鍵)의 베트남 연구 동인(動因)과 그 성격: 1930~40년대, 그의 '전변무상(轉變無常)'한 인생 역정과 관련하여」, 『동남아시

아연구』, 19권, 3호(2009), pp. 57~100.

## 2. 프랑스, 인도-차이나, 앙코르

1) 참고: Jacques Domenech, "Écriture de soi et récit de voyage: Chateaubriand et Rousseau à Venise", *Loxias*, n° 4, mis en ligne le 15 mars 2004, consulté le 20 août 2009; URL: http://revel.unice.fr/loxias/document.html?id=39 [온라인], 검색일 2009.08.20.
2) 이 글은 19세기의 일반적인 표기 방식에 따라 '인도차이나'가 아니라 '인도-차이나'로 표기한다. 프랑스 식민지기록관(Archives d'Outre-Mer)이 보관하고 있는 인도차이나 관련 기록물의 보고서를 살펴보면 공문서에서는 20세기 초까지 '인도-차이나'라는 표기가 압도적임을 알 수 있다. 특히 저자가 확인한 바에 따르면, 부분적으로 미리 인쇄된 보고서 용지의 경우 1909년 5월 보고서 표지에서 처음으로 Indo-chine이 아닌 Indochine이 등장한다.
   프랑스식민지기록관: FM/SG/Indo/AF/49/D01(9) Rapports administratifs mensuels, 1907~1911.
3) 이 글의 〈부록 2〉 참고.
4) 이 글의 〈부록 1〉 참고.
5) 여행기의 정의와 관련해서 리농-쉬퐁(Linon-Chipon)이 16~17세기 원거리 여행기 장르의 형성과 관련하여 만들어낸 신조어 "littérature 'viatique'(viatic literature 여행기)"의 복합적인 개념을 19세기에도 적용하고자 한다. Sophie Linon-Chipon, *Gallia Orientalis: Voyages aux Indes orientales, 1529~1722. Poétique et imaginaire d'un genre littéraire en formation* (Paris, 2003). 한편 여행기에 대한 유사한 넓은 의미의 정의는 다른 여행기 서지에서도 쉽게 찾아볼 수 있다. Antoine Brébion, "Préface", *Bibliographie des voyages dans l'Indochine française du IX[e] au XIX[e] siècle* (Saigon, 1910), III~V; Harold. F. Smith, "Introduction", *American Travellers Abroad. A Bibliography of Accounts published before 1900* (Lanham, Maryland and London, 1999, 1[st] ed., n. d.), vii~ix.
6) Henri Mouhot, "Voyage dans les royaumes de Siam, de Cambodge, de Laos et autres parties centrales de l'Indo-Chine", *Le Tour du monde*, t. VIII(1863-2),

pp. 219~352.

7) Francis Garnier, "Voyage d'exploration en Indo-Chine", *Le Tour du monde*, t. XXII(1870-2), p. 1, 17, 33, 49, 65, 81, 305, 321, 337, 353, 369, 385, 401; t. XXIII(1872-1), p. 353, 369, 385, 401; t. XXIV(1872-2), p. 289, 305, 321; t. XXV(1873-1), p. 273, 289, 305, 321, 337, 354. 26호로 나뉘어 연재된 여행기의 시작 페이지만 표기하였다.

8) Claire Laux, "L'élan missionnaire en France et en Angleterre dans la première moitié du XIX[e] siècle", Hélène Fréchet (coord.), *Religion et culture de 1800 à 1914. Allemagne - France - Italie - Royaume-Uni* (Paris, 2001), p. 98, 105.

9) G. Boucher de la Richarderi, "Avis des éditeurs", *Bibliothèque universelle des voyages*, t. 1(Paris, 1808), i.

10) G. Boucher de la Richarderi, "Avis des éditeurs", i.

11) 참고: Claude Bellanger, Jacques Godechot et Pierre Guiral (dir.), *Histoire générale de la presse française*, 5 vols(Paris, 1969~1976); Lawrence C. Jennings, "Review", *The Journal of Modern History*, v. 43, n° 3(Sep. 1971), pp. 516~518; Joel Colton, "Review", *The American Historical Review*, v. 79, n° 1(Feb. 1974), pp. 167~169.

12) A. Vaillant, "Avant-propos", *Romantisme*, v. 33, n° 121(2003), pp. 3~8.

13) Dominique Kalifa et Alain Vaillant, "Pour une histoire culturelle et littéraire de la presse française au XIX[e] siècle", *Le Temps des Médias*, n° 2(2004), p. 201.

14) 김은영, 「19세기 프랑스 선교사들의 예화와 조선 그리고 프랑스 - 전형적인 텍스트에 대한 비전형적인 독서」, 『동아연구』, 제57호(2009. 08), pp. 96~97.

15) *Annales de la Propagation de la Foi* (1825~1933).

16) Kim Eun-Young, *Le discours des missionnaires français en Corée (1831~1886): correspondances et relations*(thèse de doctorat, Écoles des hautes études en sciences sociales, 2008), pp. 96~116.

17) Henri Mouhot, "Voyage dans les royaumes de Siam, de Cambodge, de Laos et autres parties centrales de l'Indo-Chine", p. 220.

18) Henri Mouhot, "Voyage dans les royaumes de Siam, de Cambodge, de Laos et autres parties centrales de l'Indo-Chine", p. 304.

19) Richard Drevet, "L'Œuvre de la Propagation de la Foi et la propagande missionnaire au XIX$^{e}$ siècle", Claude Prudhomme(dir.), *Une appropriation du monde, mission et missions, XIX$^{e}$-XX$^{e}$ siècles* (Paris, 2004), p. 33.

20) 『전교회보』를 통해 출판된 재조선 프랑스 선교사들의 편지 목록은 다음의 연구에서 각각 정리 번역되었다. Kim Eun-Young, "Tableau 0~7. Les écrits des missionnaires imprimés dans deux périodiques missionnaires", *Le discours des missionnaires français en Corée(1831~1886): correspondances et relations*, pp. 102~111; 김은영, 「서양인이 읽은 조선 - 조불조약 체결(1886) 전 프랑스에서 생산된 출판물을 중심으로」, 『서양사론』, 제99권(2008.12), pp. 228~235.

21) "Avertissement", *Annales de la Propagation de la Foi*, t.1(1827(1822)), v~vi.

22) 참고: Annie Lagarde-Fouguet et Christian Lagarde, *Édouard Charton (1807~1890) et le combat contre l'ignorance* (Rennes, 2006).

23) Marc Martin, "Le voyage du grand reporter, de la fin du XIX$^{e}$ siècle aux années 1930", *Le Temps des Médias*, n° 8(2007.01), pp. 118~129.

24) 다음의 예를 들 수 있다. Édouard Charton (dir.), *Voyageurs anciens et modernes, ou Choix des relations de voyages les plus intéressantes et les plus instructives depuis le cinquième siècle avant Jésus-Christ jusqu'au dix-neuvième siècle*, 4 vols(Paris, [1867~1869]).

25) Sylvain Venayre, "Le voyage, le journal, et les journalistes au XIX$^{e}$ siècle", *Le Temps des Médias*, n° 8(2007.01), pp. 46~56.

26) Jean-Pierre Bacot, *La presse illustrée au* XIX$^{e}$ *siècle. Une histoire oubliée* (Limoges, 2005), pp. 69~70.

27) Judith Lyon-Caën, "Annie Lagarde-Fouguet et Christian Lagarde, *Édouard Charton(1807~1890) et le combat contre l'ignorance", Revue d'histoire du XIX$^{e}$ siècle*, n° 36(2008), [En ligne], mis en ligne le 04 juillet 2008. URL: http://rh19.revues.org/index2852.html. Consulté le 02 février 2010. [온라

인], 검색일 2010.02.02.

『세계여행』의 연 구독료는 24프랑으로 시작되었다. 참고: Annie Lagarde-Fouguet, "Complément à l'ouvrage Édouard Charton et le combat contre l'ignorance", [En linge], mis en ligne en février 2009. URL: http://sites.google.com/site/edouardcharton/Home. Consulté le 2 novembre 2009. [온라인], 검색일 2009.11.02.

28) *Le Tour du monde*, t. XXII(1870-2), pp. 1~16.

29) Jean-François Tétu, "L'illustration de la presse au XIX$^e$ siècle", *Semen*, n° 25(2008), [En ligne], mis en ligne le 26 février 2009. URL: http://semen.revues.org/document8227.html. Consulté le 27 novembre 2009. [온라인], 검색일 2009.11.27.

30) Pierre-Lin Renié, "De l'imprimerie photographique à la photographie. imprimée", *Études photographiques*, n° 20(2007), [En ligne], mis en ligne le 01 octobre 2008. URL: http://etudesphotographiques.revues.org/index925.html. Consulté le 30 novembre 2009. [온라인], 검색일 2009.11.30.

31) "Bewick, Thomas", "Wood engraving", *The Oxford Dictionary of Art* (2004). Encyclopedia.com. URL: http://www.encyclopedia.com. 1 February, 2010. [온라인], 검색일 2010.02.01.

32) Jean-Pierre Bacot, *La presse illustrée au XIX$^e$ siècle. Une histoire oubliée*, pp. 9~14.

33) Sandrine Lemaire, Pascal Blanchard et Nicolas Bancel, "Jalons d'une culture coloniale sous le Second Empire(1851~1870)", Pascal Blanchard, Sandrine Lemaire et Nicoals Bancel(dir.), *Culture coloniale en France. De la Révolution française à nos jours* (Paris, 2008), p. 100.

34) Judith Lyon-Caën, "Annie Lagarde-Fouguet et Christian Lagarde, *Édouard Charton (1807~1890) et le combat contre l'ignorance*", [온라인].

35) Édouard Charton, [Avis aux lecteurs](1860), cité par Annie Lagarde-Fouguet, "Complément à l'ouvrage *Édouard Charton et le combat contre l'ignorance*", [온라인].

36) Édouard Charton, [Avis aux lecteurs], [온라인].

37) Jean-Pierre Bacot, *La presse illustrée au XIX$^{e}$ siècle. Une histoire oubliée*, pp. 9~14.

38) *The Penny Magazine*.

39) Jean-François Tétu, "L'illustration de la presse au XIX$^{e}$ siècle", [온라인].

40) *The Illustrated London News*.

41) Jean-François Tétu, "L'illustration de la presse au XIX$^{e}$ siècle", [온라인].

42) Marie-Laure Aurenche, Édouard Charton et l'invention du "Magasin pittoresque"(Paris, 2002), pp. 331~332; Jean-François Tétu, "L'illustration de la presse au XIX$^{e}$ siècle", [온라인].

43) Jean-François Tétu, "L'illustration de la presse au XIX$^{e}$ siècle", [En ligne]; 참고: Edouard Charton, *Mémoire d'un prédicateur saint-simonien* (Paris, 1831).

44) Henri Zuber, "Une expédition en Corée", *Le Tour du monde*, t. XXV(1873-1), pp. 401~416.

45) 김은영, 「19세기 프랑스 선교사들의 예화와 조선 그리고 프랑스」, pp. 212~213.

46) Louis Malleret, "L'avenir des sciences humaines à l'École française d'Extrême-Orient", *Comptes-rendus des séances de l'Académie des Inscriptions et Belles-Lettres*, n° 96~1(1952), p. 139; Daniel Hémery, "Inconstante Indochine… L'invention et les dérives d'une catégorie géographique", *Revue française d'histoire d'outre-mer*, n° 87(2000), pp. 137~158.

47) Conrade Malte-Brun et Edme-Mentelle, *Géographie mathématique, physique et politique de toutes les parties du monde*, 12 vols(Paris, 1804).

48) Conrade Malte-Brun et Edme-Mentelle, "Pays indo-chinois ou royaumes de Tonquin, de Cochinchine, de Laos, etc.", *Géographie mathématique, physique et politique de toutes les parties du monde*, v. XII, pp. 1~22. 참고: Pierre Brocheux et Daniel Hémery, *Indochine. La colonisation*

*ambiguë 1858~1954* (Paris, 2002(1995)), p. 12.

49) Conrade Malte-Brun, *Précis de la géographie universelle ou Description de toutes les parties du monde sur un plan nouveau d'après les grandes divisions naturelles du globe*, 8 vols(Paris, 1810~1829).

50) Pierre Brocheux et Daniel Hémery, Indochine. *La colonisation ambiguë 1858~1954*, p. 12.

51) Jean-Jacques-Nicolas Huot, "Notice sur la vie et les écrits de Malte-Brun" à la nouvelle édition du *Précis de la géographie*, v. 1(Paris, 1845~1847, 5e éd.), pp. 1~9.

52) Conrade Malte-Brun, *Précis de la géographie*, v. 4(1813), p. 169.

53) Conrade Malte-Brun, *Précis de la géographie*, v. 1(1845~1847, 5e éd), p. 229. 프랑스국립도서관이 『세계지리개요』 초판의 열람을 예외적으로만 허용하기 때문에 모든 인용문을 초판에서 가져오지 못하였다. 이 글은 1845~1847년에 파리에서 출판된 제5판을 참고했다.

54) Conrade Malte-Brun, *Précis de la géographie*, v. 1, pp. 148, 257~258.

55) *Ibid*, v. 1, p. 147.

56) Louis Malleret, "L'avenir des sciences humaines à l'École française d'Extrême-Orient", p. 139.

57) Henri Mouhot, "Voyage dans les royaumes de Siam, de Cambodge, de Laos et autres parties centrales de l'Indo-Chine", p. 221.

58) *Voyage d'exploration en Indo-Chine* (Paris, 1873).

59) 무오의 여행기의 경우 『세계여행』의 삽화를 재활용한 1864년 런던 출간 영문판은 2001년 보스톤에서 영인본으로 재간행되었다. *Travels in the Central Parts of Indo-China (Siam), Cambodia, and Laos, during the Years 1858, 1859, and 1860* (London, 1864; Boston, 2001).

한편 가르니에 여행기의 현대 프랑스어판 및 영문판으로 다음의 예를 들 수 있다. *Voyage d'exploration de l'Indo-Chine* (Genève, 2009); *A Pictorial Journey on the Old Mekong: Cambodia, Laos and Yunnan* (Bangkok, 1998).

60) 다음의 예를 들 수 있다. Patrick Moreau, 〈Perdu dans Hanoi〉(film

documentaire, France, 2010); Chantal Edel (dir.), *Sur le Mékong et les pistes d'Indochine* (Grenoble, 2004); Milton Osborne, *Southeast Asia: An Introductory History* (Sydney, 1979); *River Road to China: The Mekong River Expedition, 1866~1873* (London and New York, 1975).

61) Édouard Hocquard, "Trente mois au Tonkin", *Le Tour du monde*, t. LVII~ LXI(1889-1~1891-1), pp: 1~64, 65~112, 81~160, 257~320, 321~368.

62) Henri Mouhot, "Voyage dans les royaumes de Siam, de Cambodge, de Laos et autres parties centrales de l'Indo-Chine", pp. 219~352.

63) J. Agostini, "Pnom-Penh(Voyage au Cambodge)", *Le Tour du monde*, nouv. ser. A-4(1898), pp. 289~300.

64) 무오는 304쪽에서 부이보(Bouillevaux) 선교사의 탐방기를 직접 인용한다. 한편 크메르제국을 방문한 원나라 사신 주달관의 『진랍풍토기(眞臘風土記)』는 1819년에 이미 중국학자 아벨레뮈자(Abel-Rémusat)에 의해 프랑스어로 번역되었다. Charles-Emile Bouillevaux, *Voyage dans l'Indo-Chine, 1848~1856* (Paris, 1858); Jean-Pierre Abel-Rémusat, *Description du royaume de Cambodge par un voyageur chinois qui a visité cette contrée à la fin du XIII siècle, précédée d'une notice chronologique sur ce même pays, extraite des annales de la Chine* (Paris, 1819).

65) Chantal Edel (dir.), *Sur le Mékong et les pistes d'Indochine*, p. 15.

66) Francis Garnier, "Voyage d'exploration en Indo-Chine", *Le Tour du monde*, t. XXII(1870-2), p. 22.

67) 특히 다음의 삽화에 주목할 필요가 있다. "Façade orientale du grand temps d'Ongkor"; "Chausée et entrée principale d'Ongkor Vat"; "Façade septentrionale d'Ongkor Vat"; "Portique centrale d'Ongkor Vat", *Le Tour du monde*, t. VIII(1863-2), p. 296, 297, 300, 301.

68) Henri Mouhot, "Voyage dans les royaumes de Siam, de Cambodge, de Laos et autres parties centrales de l'Indo-Chine", p. 298.

69) *Ibid*, p. 299.

70) Francis Garnier, "Voyage d'exploration en Indo-Chine", *Le Tour du monde*, t. XXII(1870-2), p. 6.

71) *Ibid*, p. 22.

72) Rédaction, "Conclusion au "Voyage d'exploration en Indo-Chine" de Francis Garnier", *Le Tour du monde*, t. XXV(1873-1), p. 366.

73) *Ibid*, pp. 366~368.

74) Francis Garnier, "Voyage d'exploration en Indo-Chine", p. 1.

75) *Ibid*, pp. 1~32.

76) 『세계여행』은 각 삽화의 제목 옆에 삽화의 출처를 표시한다.

77) Francis Garnier, "Voyage d'exploration en Indo-Chine", p. 10.

78) "Chronologie: points de repère", Hugues Tertrais (dir.), *Angkor VIII*$^{e}$*~XXI*$^{e}$ *siècle. Mémoire et identité khmères*(Paris, 2008), p. 221; Winichakul Thongchai, *Siam mapped. A History of the Geo-Body of a Nation* (Chiang Mai, 2004(1994)), pp. 150~151.

79) Sandrine Lemaire, Pascal Blanchard et Nicolas Bancel, "Jalons d'une culture coloniale sous le Second Empire(1851~1870)", pp. 91~100.

80) Pierre Brocheux et Daniel Hémery, *Indochine. La colonisation ambiguë 1858~1954*, p. 28.

81) Eugène-Jean Duval (dir.), *Aux sources officielles de la colonisation française. 1870~1940* (Paris, 2008), p. 81.

82) Alain Forest, "Pour comprendre l'histoire contemporaine du Cambodge", Alain Forest (dir.), *Cambodge contemporain* (Paris; Bangkok, 2008), p. 18.

83) Maureen Murphy, *Un palais pour une cité. Du musée des colonies à la cité nationale de l'histoire de l'immigration* (Paris, 2007), p. 15.

84) *Ibid*, p. 20.

85) 프랑스 국립기메박물관의 화보집은 박물관 연대기 부분에서 인도차이나라는 명칭을 사용하면서, 이 용어가 해당 시대의 용어임을 지적하고 넘어간다. Jean-François Jarrige (préf.), *Album. Musée national des Arts asiatiques Guimet* (Paris, 2001), p. 6.

86) Philippe Franchini et Jérôme Ghesquière (coordi.), *Des photographies en Indochine. Tonkin, Annam, Cochinchine, Cambodge et Laos au XIX*$^{e}$ *siècle* (Paris, 2001).

87) Philippe Héduy, *Histoire de l'Indochine. La perle de l'empire 1624~1954* (Paris, 1998).

88) Albert Sarraut, *Images du Monde. Indochine* (Paris, 1930).

89) Albert Sarraut, *Indochina* (Bangkok, 2010(1930)).

### 3. 영국의 동남아시아 '발견'

1) 마운트배튼(Mountbatten)의 임명은 화이트홀(Whitehall)의 수많은 정치적 계산을 반영한다. 미국인들은 유럽에서 연합군 최고사령부(Supreme Allied Commander)의 요직을 보장받았기 때문에 동남아사령부의 사령관으로 영국인을 임명하는 것을 받아들일 수 있었다. 많은 영국군 지도자들은 동남아 사령관으로서 마운트배튼이 적합한지 의구심을 갖고 있었다. 그들은 마운트배튼이 인도 군인들로 구성된 군대를 지도하는 것이 더 적합하다고 생각하기도 하였다. 마운트배튼은 특유의 카리스마와 왕족이라는 신분 덕분에 동남아사령부 사령관이 될 수 있었다. 이와 관련하여 다음의 연구를 참고할 수 있다. Christopher Bayly and Tim Harper, *Forgotten Armies* (Cambridge, 2005), pp. 291~295.

2) 동남아시아에 대한 군사적 묘사는 오랜 역사를 가지고 있다. 하나만 예를 들면 제1차 세계대전 후에 영국은 영국제국 방어를 고려하는 과정에서 일본의 부상을 인지하였다. 그리하여 일본 해군을 패퇴시키기에 충분한 해군력이 주둔할 수 있는 곳으로 홍콩이나 시드니보다는 싱가포르를 선택하였다. 젤리코(Jellicoe) 제독에 따르면, 싱가포르는 "의심할 여지 없이 극동의 핵심적인 해군 기지"였다. 군사계획을 고려하면, 싱가포르와 말라야는 오스트레일리아와 홍콩을 포함하는 훨씬 더 큰 태평양 지역의 일부분이었다. 이와 관련하여 다음의 연구를 참고할 수 있다. Malsolm H. Murfett, John N. Miksic, Brian P. Farrell and Chiang Min Shun, *Between Two Oceans: A Military History of Singapore From First Settlement to Final British Withdrawal* (Oxford, 1999), pp. 147~150.

3) Winichakul Thongchai, *Siam Mapped. A History of the Geo-Body of a Nation* (Honolulu, 1994).

4) Archibald Colquhoun, *English Policy in the Far East* (London, 1885), pp. 7~8.

5) Nicholas Tarling, *Imperialism in Southeast Asia* (London, 2001), p. 105.

6) Victor T. King, "The Development of Southeast Asian Studies in the United Kingdom (and Europe): The Making of a Region", *The Historical Construction of Southeast Asia. Proceedings for 2010 SIEAS International Conference of Research Clusters* (Seoul, 2010). Forthcoming.

7) *Ibid*, p. 141.

8) *Ibid*, p. 142.

9) *Ibid*, pp. 142~143.

10) *Ibid*, p. 146.

11) *Ibid*, pp. 148~150.

12) *Ibid*, p. 150.

13) John R. W. Smail, "On the Possibility of an Autonomous History of Modern Southeast Asia", *Journal of Southeast Asian History*, 2(1962).

14) Alfred Russel Wallace, *The Malay Archipelago* (London, 1869).

15) Isabella Bird, *The Golden Chersonese* (London, 1883).

16) V. C. Scott O'Connor, *The Silken East*(London, 1905); *Mandalay and Other Cities of the Past in Burma* (London,1907).

17) Alfred Russel Wallace, *The Malay Archipelago*, p. 116.

18) V. C. Scott O'Connor, *Mandalay and Other Cities of the Past in Burma*, p. 3.

19) Alfred Russel Wallace, *The Malay Archipelago*, p. 598.

20) Taw Sein Ko, "Burma: A Melting Pot of Races", Taw Sein Ko(ed), *Burmese Sketches*, vol. 2(Rangoon, 1920).

21) *Ibid*, p. 323.

22) Isabella Bird, *The Golden Chersonese*, p. 115.

23) *Ibid*, p. 118.

24) *Ibid*, p. 123.

25) *Idem.*

26) *Ibid*, p. 132.

27) *Ibid*, p. 150.

28) *Ibid*, p. 190.

29) *Idem.*

30) *Idem.*

31) *Ibid*, pp. 338~339.

32) *Ibid*, p. 361.

33) Alfred Russel Wallace, *The Malay Archipelago*, p. 373.

34) Isabella Bird, *The Golden Chersonese*, p. 312.

35) Archibald Colquhoun, *English Policy in the Far East*, pp. 20~21.

36) Isabella Bird, *The Golden Chersonese*, p. 105.

37) *Idem.*

38) Frank Swettenham, "Slavery in the Malay States", cited by Isabella Bird, *The Golden Chersonese*, p. 372.

39) Isabella Bird, *The Golden Chersonese*, p. 360.

40) Isabella Bird, *The Golden Chersonese*, p. 140.

### 4. 여행기가 정형화하는 동남아시아: 그때 그리고 지금

1) 포스트식민주의 글쓰기 및 이 글쓰기의 이국화 관행이라는 항목에서 담론 비평을 제시하는 다음의 연구를 참고할 수 있다. Graham Hugan, *The Postcolonial Exotic: Marketing the Margins* (London, 2001).

2) Maria N. Ng, *Three Exotic Views of Southeast Asia: The Travel Narratives of Isabella Bird, Max Dauthendey, and Ai Wu, 1850~1930* (New York, 2002), p. 11.

3) Dean MacCannell, *The Tourist: A New Theory of the Leisure Class* (New York, 1989), p. 29.

4) 주 4의 저서에서 저자는 관광객에 대한 연구가 상품 문화 속에 살고 있는 현대인에 대한 통찰을 얻는 데까지 이를 수 있다고 제안한다.

5) 이사벨라 버드의 문화적 배경에 대해서는 다음의 연구를 참고할 수 있다. Maria N. Ng, *Three Exotic Views of Southeast Asia.*

6) Max Dauthendey, *Sieben Meere nahmen mich auf* (Frankfurt, 1990).

7) Maria N. Ng, *Three Exotic Views of Southeast Asia*, p. 85.

8) Johannes Fabian, *Time and the Other: How Anthropology Makes its Object*

(New York, 1983), pp. 30~31.

9) Isabella Bird, *The Golden Chersonese* (London, 1983), p. 61.

10) Maria N. Ng, *Three Exotic Views of Southeast Asia*, p. 101.

11) *Ibid*, p. 23.

12) Gavin Young, *In Search of Conrad* (London, 1992), p. 1.

13) *Ibid*, p. 66.

저자 역시 박사학위 논문 작업 중 싱가포르를 방문했을 때, 이와 비슷한 시간과 공간의 혼란을 경험하였다. 저자는 콘래드 이야기 속에 등장하는 도시 묘사에 쓰인 단어 하나하나를 정확하게 기억하고 있었다. 그리고 그 이름이 붙은 거리를 거닐고 있다는 사실에 전율했다. 비록 콘래드가 알고 있었던 건물 중 어떤 것도 남아있지 않았지만 말이다. 저자는 잠시 동안 1990년대의 싱가포르가 아닌 콘래드의 나라에 살았다.

14) *Ibid*, p. 159

15) *Ibid*, p. 31

16) Pico Iyer, *Video Night in Kathmandu and Other Reports from the Not-So-Far-East* (New York, 1988), p. 51.

17) *Ibid*, p. 57.

18) *Ibid*, p. 58.

19) Pico Iyer, *Sun After Dark* (New York, 2005), p. 117.

20) 셰익스피어 소설의 등장 인물인 캘리반을 포스트식민주의 문맥으로 불러낸 연구로 다음을 들 수 있다. Bill Ashcroft, *Caliban's Voice: The Transformation of English in Postcolonial Literatures* (Oxford, 2009).

21) Mary Baine Campbell, "Travel writing and its theory", *The Cambridge Companion to Travel Writing*(Cambridge, 2002), pp. 272~273.

22) Mischa Berlinski, *Fieldwork* (New York, 2007). 이 소설의 저자는 인류학의 유행 관심사와 이국적인 장소를 접목시킨다. 이 소설이 만약 태국 작가의 작품이라면 흥미로운 대응담론으로 소개되었을 것이다. 이 소설을 소개해 준 동료 잰 뉴베리(Jan Newberry)에게 감사의 말을 전한다. 한편 동남아시아인이 쓴 작품이라고 해서 반드시 '진정한' 또는 투명한 정형화를 보증하지는 않는다. 문제는 정형화 자체의 본성이다.

23) Mary Baine Campbell, "Travel writing and its theory", p. 273.

5. 타고르가 본 1927년의 동남아

1) 타고르는 동남아를 여행하는 도중에 18편의 시를 썼고, 그중 약 절반이 여행과 관련된 내용이었다. 일부 시는 타고르 자신의 영역(英譯)으로 1927년에 소개되었다. 참조: *The Modern Review and Visva-Bharati Quarterly* (Oct. 1927).
2) 서세동점의 시대에 동양을 여행하고 기록을 남긴 사람은 대개 서구인이었다. 사이드(Edward Said)를 필두로 많은 학자들은 서구의 우월한 인식이 반영된 여행기가 제국의 이념적 생산에 기여하는 지식을 채집하고 생산하면서 유럽의 식민화에 도움을 주었다고 알려주었다. Edward Said, *Orientalism* (New Delhi, 2001); Mary Louise Pratt, *Imperial Eyes: Travel Writing and Transculturation* (London and New York, 1994); Purabi Panwar, *India in the Works of Kipling, Forster and Naipaul* (Delhi, 2000). 타고르는 1927년 10월 1일 바타비아로 가는 배 안에서 "우리 동양은 서양에게 패배했음을 시인해야 한다. 왜? 우리는 정체되었고 그들은 역동적이고 우리는 늘 사회질서에 매이지만 그들은 개인이 자유롭게 움직이고 있기 때문이다"라고 적어서 그의 여행이 가진 도전적 측면을 은연중 표현하였다.
3) 동남아를 여행하면서 타고르가 지인에게 쓴 편지는 『비치트라(*Vichitra*)』에 연재되다가 1929년에 나온 벵골어 여행기 『자트리(*Jatri*)』에 소개되었다. 그중 일부는 1927~29년 『비스바-바라티 쿼틀리(*The Modern Review and Visva-Bharati Quarterly*)』에 영역되어 실렸다. 이 글에서 참고한 많은 편지는 타고르가 세운 비스바 바라티(Visva Bharati)대학에서 오랫동안 근무한 '타고르 전문가' 수프리바 로이(Supriya Roy)에게서 2010년 5월 13일 개인적으로 얻은 CD파일에서 인용하였다. CD파일은 타고르가 쓴 『자바에서 온 편지(*Letters from Java*)』의 영역본이다. 자료를 제공해 준 로이 씨에게 깊이 감사한다. 이 글에서는 『비스바-바라티 쿼틀리』에 인용되지 않은 편지를 *Letters from Java*로 표시한다.
4) 타고르를 동행한 동향의 캘커타 대학교 언어학 교수 수니티 차터르지(Suniti Chatterji)는 동남아 여행기를 벵골어로 남겼고, 벵골어를 해득하는 학자들에 의해 몇 편의 논문에 인용되었다. 이 글은 그 일부를 참조하였다.
5) Edward Thompson, *Rabindranath Tagore: Poet and Dramatist* (London,

1926).

6) Uma Das Gupta, *A Difficult Friendship: Letters of Edward Thompson and Ravindranath Tagore 1913~1940* (New Delhi, 2003), p. 108.

7) *The Indianapolis Sunday Star* (20 Nov. 1921).

8) 두 번째 발언은 *Letters from Java*의 "Letter 1(17 July. 1927)"에서 나왔다. 이는 타고르가 동남아로 떠나는 배를 타기 전이다. 여기서 일러둘 말은 이 글에서 Rabindranath Tagore와 Ravindranath Tagore로 표기된 타고르의 이름은 그대로 옮긴다.

9) C. F. Andrews(ed.), *Letters to a Friend: Rabindranath Tagore* (London, 1928), pp. 127~128.

10) 타고르는 고향에서 1905년 스와데시 운동이 일어날 때까지 열렬한 민족주의자였다. 1906~1907년부터 공격적인 인도 민족주의와 거리를 두었으나 1919년 인도 북부에서 영국군이 양민을 학살하자 영국 왕실에서 받은 작위를 반납하고 "동포의 편에 설 것"을 선언하여 서구 식민주의에 반대했다.

11) 타고르는 1905년 러일전쟁에서 일본이 승리하자 "바다 기슭에 밤은 밝고, 핏빛 구름의 새벽에, 동녘의 작은 새소리, 높이 명예로운 개선(凱旋)을 노래하네"라고 일본을 기리는 시를 지었다. 다케무라 겐이치(竹村健), 『WEB시대를 제압하는 氣槪와 獨創性』, *Japan Forum*, 제45호(2000년 여름), http://www.lifeanddream.co.kr/forum/45/f2000-45-9.html

12) Ravindranath Tagore, *Talks in China* (New Delhi, 2002), pp. 43~44.

13) Stephen Hay, "Rabindranath Tagore in America", *American Quarterly*, 14(Fall 1962), pp. 439~463.

14) Rabindranath Tagore, *Nationalism* (Calcutta, 1995), p. 46.

15) "Ravindranath Tagore Malaya", *Letters from Java.*

16) "Ravindranath Tagore Malaya", *Letters from Java.*

17) "Letter 1(17 July. 1927)", *Letters from Java.*

18) Ravindranath Tagore, "Letters written on the way to Java", *The Modern Review and Visva Bharati Quarterly* (Jan. 1927), pp. 324~325.

19) "Letter 8(30 Aug. 1927)", *Letters from Java.*

20) "Letter 9(31 Aug. 1927)", *Letters from Java.*

21) Ravindranath Tagore, "Ravindranath Tagore's Travelogue: Excerpts from August-September", *The Modern Review and Visva-Bharati Quarterly* (May 1927), p. 325.

22) 1927년 8월 21일 바타비아에서 벵골어로 쓴 이 시는 타고르의 번역으로 소개되었다. Ravindranath Tagore, "To Java", *The Modern Review and Visva-Bharati Quarterly* (Oct. 1927).

23) 크리슈나 크리팔라니, 『타고르의 생애와 사상』, 김양식 역(세창출판사, 1996), p. 270.

24) "Lectures, Massages and Interviews in Siam", *Letters from Java.*

25) Sawitri Charoenpong, "Rabindranath Tagore's Visit to Thailand". Draft presented at the Conference titled "An Age in Motion: The Asian Voyages of Rabindranath Tagore" held by Institute of Southeast Asian Studies, 11~13 May, 2010.

26) 1927년 10월 11일 여행 도중에 쓴 시를 타고르 본인이 영역했다. "Siam", *The Modern Review and Visva-Bharati Quarterly* (Oct. 1927).

27) 타고르는 일본에서도 '아시아의 대륙적 정신'을 말한 바 있다. Rabindranath Tagore, "On Oriental Culture and Japan's Mission", Supriya Roy(ed.), *Talks in Japan* (Kolkata, 2007), p. 187.

28) 타고르가 버마와 관련하여 가진 대인도(Greater India)에 대한 인식은 다음을 참고할 수 있다. Swapna Bhattacharya, "Rabindrnath Tagore in Myanmar and His perception of Southeast Asia-India Relation", Martin Brandtner & Shishir Kumar Panda(ed.), *Interrogating History: Essays for Hermann Kulke* (New Delhi, 2006), pp. 213~229.

29) Sujata Bose, *A Hundred Horizons, The Indian Ocean in the Age of Global Empire* (New Delhi, 2006), p. 108. 나중에 랑군의 부시장이 된 영국 관리 모리스 콜리스도 비슷한 주장을 했다. "랑군은 버마의 도시라기보다 인도의 도시다. 인도인은 외국인이 아니다." Maurice Collis, *Into Hidden Burma* (London, 1953), p. 156.

30) Sujata Bose, *A Hundred Horizons*, p. 247.

31) Uma Das Gupta, *Rabindranath Tagore. A Biography* (New Delhi, 2004),

p. 66.

32) "Tagore's Letter to Jawaharlal Nehru from Santiniketan, India, dated 17 August, 1939", Krishna Dutta and Andrew Robinson(ed.), *Selected Letters of Rabindranath Tagore* (Cambridge, 1997), pp. 512~513.

33) Sugata Bose, *A Hundred Horizons*, pp. 245~246.

34) "Letter 14(17 Sept. 1927)", *Letters from Java.*

35) "Letter 9(31, Aug. 1927)", *Letters from Java.*

36) "Letter 14(17 Sept. 1927)", *Letters from Java.*

37) "Letter 11(7 Sept. 1927)", *Letters from Java.*

38) Ravindranath Tagore, *The Modern Review and Visva-Bharati Quarterly* (June 1927), p. 277.

39) 그는 일본에서 강연여행을 마치고 벵골어로 적은 *Japan Jatri*라는 짧은 여행기에서 감정의 절제와 정결함을 칭송하였다. Ravindranath Tagore, *Rabindranath Tagore on Art [and] Aesthetics: A Selection of Lectures, Essays and Letters* (Calcutta, 2005), p. 20. "Letters written on the way to Java", *The Modern Review and Visva-Bharati Quarterly* (Jan. 1927), p. 326.

40) "Letter 14(17 Sept. 1927)", *Letters from Java.*

41) 재인용 Alex Aronson, *Ravindranath Through Western Eyes* (Calcutta, 1978, $2^{nd}$ ed.), p. 16; *The Queen* (London, 21 May 1920).

42) Ravindranath Tagore, *Talks in China*, pp. 43~44, p. 51.

43) Ravindranath Tagore, "Judgement", *The Modern Review and Visva-Bharati Quarterly* (Oct. 1925).

44) 세대스는 인도의 영향을 받은 이 지역을 처음에는 극동(Far East)에 포함시켰다. 참고: George Coedès, *Histoire ancienne des états hindouisés d'Extrême-Orient* (Hanoi, 1944). 물론 타고르에 앞서 오스트리아의 하이네-겔데른(Robert Heine-Geldern)은 1923년 동남아가 인종 · 언어 · 문화적으로 동질성을 갖는다고 주장한 바 있다.

45) Meenakshi Mukherjee, *Realism and Reality* (Delhi, 1994), p. 57.

46) J. C. Van Leur, "The World of Southeast Asia: 1500~1650", Van Leur, *Indonesian Trade and Society: Essays in Asian Social and Economic*

*History* (The Hague, 1955).

### 6. 동남아를 보는 중국의 '식민주의적' 시각

1) 밀톤 W. 마이어, 『동남아사 입문』(한국외국어대학교 출판부, 1991), 16쪽.
2) 양승윤 · 황규희 외, 『동남아-중국관계론』(한국외국어대학교 출판부, 2003.2) 참조.
3) 강판권, 「19세기 말 중국의 베트남 인식」, 하정식 · 유장근 엮음, 『근대 동아시아 국제관계의 변모』(혜안, 2002.12). 청조 정부의 관료들의 정치외교적 베트남 인식을 다루고 있다. 여기에는 베트남은 없고, 중국의 대외관이 있을 뿐이다. 이런 경향은 중국의 연구에서도 마찬가지다.(袁丁, 「評中國有關東南亞的硏究」, 『東南亞縱橫』 2006-3.)
4) 최병욱, 「중국 역대 왕조의 베트남 인식 - 『25사』를 통해서 살펴봄」, 『북방사논총』 11호, 2006.6. 제목은 '인식'이라고 달았지만, 글 전체가 '인식'이라기보다는 '관계'에 가깝다. 말하자면 중국과 베트남 간의 책봉조공관계를 이해하기에 적합하다.
5) 신윤환, 『동남아문화산책』(창비, 2008)에서 아이디어와 공감을 얻었다.
6) 이 글에서는 당시 중국인이 인식한 동남아를 지칭할 때는 시대성을 살린다는 의미에서 '남양(南洋)'이란 용어를 사용한다. 주지하듯이 '동남아시아(Southeast Asia)'라는 지명은 제2차 세계대전 중에 연합군이 '동남아사령부(South-East Asia Command)'라는 명칭을 사용한 데에서 유래하였다. 중국에서는 1960년대 이후에나 사용되기 시작한다. 1920~30년대의 중국인은 누구도 '동남아'라는 용어를 사용하지 않았다. 남양이 중국의 자기중심적인 용어라는 비판이 있을 수 있으나 '동남아'도 서구 중심적이기는 마찬가지고, 후술하듯이 당시 중국인의 동남아 인식에는 자기중심적이라는 측면이 있어 '남양'이란 용어는 이런 역사적 실제를 반영하기도 한다.
7) 백영서, 「중국에 '아시아'가 있는가?」, 『동아시아의 귀환』(창작과비평사, 2000) 참조.
8) '신청사(新淸史, New Qing History)' 연구 경향에 대해서는 유장근, 「'만청 식민주의'를 둘러싼 중 · 외 학계의 논의」, 『중국 역사학계의 청사연구 동향』(동북아역사재단, 2009) 참조.

9) 아래와 같이 모두 11편을 찾을 수 있었다. 이 밖에 베트남, 필리핀, 싱가포르 등과 같은 개별 지역을 다룬 여행기는 더 많았으나 이 글에서는 다루지 않았다.
孫季叔 編, 『世界遊記選』, 上海: 亞細亞書局, 1934.7.
傅紹曾, 『南洋見聞錄』, 北京: 師範大學圖書館, 1923.
梁紹文, 『南洋旅行漫記』, 上海: 中華書局, 1924.
江亢虎, 『江亢虎南遊迴想記』, 上海: 中華書局, 1924.
卓宏謀, 『南洋群島遊記』, 北平: 王駙馬胡同卓宅, 1928.
劉薰宇, 『南洋遊記』, 上海: 開明書店, 1930.
許傑, 『椰子與榴(一名南洋漫記)』, 上海: 現代書局, 1930.
王志成, 『南洋風土見聞錄』, 上海: 商務印書館, 1931.
羅井花, 『南洋旅行記』, 中華書局, 1932.
羅靖華, 『長夏的南洋』, 中華書局, 1934.
鄭健廬, 『南洋三月記』, 上海: 中華書局, 1935.

10) 실제 여행을 한 시기를 명확히 알 수 있는 량사오원(梁紹文), 장캉후(江亢虎), 류쉰위(劉薰宇), 왕즈청(王志成), 뤄징화(羅靖華), 정젠루(鄭健廬)의 여행은 1920~30년대에 이루어졌는데, 대개 여행기가 출판된 때와 큰 차이가 없다. 줘훙머우(卓宏謀)는 1901년에 시작된 여행을 1928년에야 여행기로 펴냈는데 이렇게 늦어진 이유는 알 수 없다. 푸사오쩡(傅紹曾)은 1917년부터 2년간 남양에 머물면서 경험했던 바를 기록했다. 나머지는 여행이 이루어진 시기를 알 수 없다.

11) 閆恩虎, 「"客商"與近現代中國」, 『嘉應學院學報』 2008年 1期, 7쪽.

12) 尙岸嶽 · 陳文明, 「民國聞人江亢虎」, 『文史精華』 130, 2001.3.

13) 「林志鈞」, 百度百科(http://baike.baidu.com/view/1049927.htm).

14) 「卓宏謀」, 百度百科(http://baike.baidu.com/view/1560567.htm).

15) 章雪峰, 「供給足而呼應靈: 概說中華書局的分局」, 『出版史料』, 2005年 3期.

16) 박경석, 「근대 중국인의 해외여행과 내셔널리즘, 그리고 타자인식」, 『동양사학연구』 제107집, 2009.6, 100~101쪽.

17) 別必亮, 「近代國內華僑教育的政策與措施」, 『史學月刊』 2001-5. 참조.

18) 사실 관계는 이병인, 「近代中國의 海外移民과 '故國'」, 『東洋史學硏究』 제103집, 2008.6, 147~158쪽 참조.

19) 비일비재하여 일일이 예를 들기도 힘든데, 필명이 윈수(雲漱)인 여행자는 '필리

핀에 사는 오랜 친구의 초청으로' 여행에 나섰고(雲漱, 「小呂宋遊記」, 孫季叔 編, 『世界遊記選』, 上海: 亞細亞書局, 1934.7, 109쪽), 취안취안(拳拳)이라는 필명의 여행자는 필리핀에 사는 인척의 강력한 권유로 여행을 하게 되었다(拳拳, 「南洋群島遊記-旅行菲律濱見聞錄」, 姚祝宣 編, 『國外遊記彙刊(3冊)-卷之八』, 上海: 中華書局, 1924.10, 1쪽)고 한다. 장캉후는 필리핀대학 임업과를 졸업한 후난(湖南) 사람 리옌쑹(李彦松)의 초청으로 필리핀대학을 참관했다(江亢虎, 「鄕村游覽」, 『江亢虎南遊迴想記』, 上海: 中華書局, 1924, 92쪽).

20) 周憲, 「旅行者的眼光與現代性體驗:從近代遊記文學看現代性體驗的形成」, 『社會科學戰線(文藝學研究)』 2000-6. 참조.

21) 朱雙一, 「南洋遊記・逃難記・獄中記: 若幹値得注意的早期東南亞華文作品」, 『東南亞華文文學研究』 2002-2, 20쪽. 여행기에서도 일본에 대한 경계심이 많이 드러난다. 江亢虎, 「和屬無理」, 『江亢虎南遊迴想記』, 99쪽; 劉薰宇, 「自序」, 『南洋遊記』, vii~viii 등.

22) 江亢虎, 「自序」, 『江亢虎南遊迴想記』, 1쪽.

23) 근대중국 해외여행과 내셔널리즘의 관계에 대해서는 박경석, 「근대 중국인의 해외여행과 내셔널리즘, 그리고 타자인식」, 『동양사학연구』, 제107집, 2009.6 참조.

24) 劉薰宇, 「自序」, 『南洋遊記』, v.

25) 江亢虎, 「葉阿來事」, 『江亢虎南遊迴想記』, 24쪽.

26) 梁紹文, 「吉隆坡与叶來」, 『南洋旅行漫記』, 121~123쪽.

27) 예를 들면 胡紹南, 「中國殖民偉人傳」, 『東方雜誌』 第7卷 第12號, 1910.12; 李長傅, 「中國殖民南洋小史」, 『東方雜誌』 第23卷 第5號, 1926.5. 셰아라이(葉阿來) 이외에도 량다오밍(梁道明), 리마번(李馬奔), 린다오간(林道乾), 우위안성(吳元盛), 뤄팡보(羅芳伯), 천란팡(陳蘭芳), 궁리옌(宮裏雁) 등을 '남양 식민 개척자'로 소개하고 있다.

28) '화교=식민' 개념의 정립과 고정화에 대해서는 문명기 「20세기 전반기 中國人의 東南아시아 華僑 認識과 그 성격 - 華僑=殖民 概念의 形成過程을 中心으로」, 『外大史學』 12, 2000.8 참조.

29) 江亢虎, 「君民同樂」, 『江亢虎南遊迴想記』, 64쪽.

30) 拳拳, 「南洋群島遊記-旅行菲律濱見聞錄」, 3쪽.

31) 江亢虎, 「鄕村游覽」, 『江亢虎南遊迴想記』, 92~93쪽.

32) 江亢虎, 「華人血裔」, 『江亢虎南遊迴想記』, 93~94쪽.

33) 江亢虎, 「斐島政聞」, 『江亢虎南遊迴想記』, 86쪽.

34) 江亢虎, 「統治不同」, 『江亢虎南遊迴想記』, 103쪽.

35) 江亢虎, 「滿地荊棘」, 『江亢虎南遊迴想記』, 97쪽.

36) 江亢虎, 「交通發達」, 『江亢虎南遊迴想記』, 104쪽.

37) 拳拳, 「南洋群島遊記-旅行菲律濱見聞錄」, 1쪽.

38) 江亢虎, 「社會進步」, 『江亢虎南遊迴想記』, 87쪽.

39) 雲漱, 「小呂宋遊記」, 孫季叔 編, 『世界遊記選』, 117~118쪽.

40) 江亢虎, 「亡國慘狀」, 『江亢虎南遊迴想記』, 51쪽.

41) 功溥, 「暹羅風俗談」, 孫季叔 編, 『世界遊記選』, 94쪽.

42) 林開煌, 「瓜哇見聞」, 孫季叔 編, 『世界遊記選』, 100쪽.

43) 박경석, 「근대 중국인의 해외여행과 내셔널리즘, 그리고 타자인식」, 109쪽.

44) 江亢虎, 「參觀名勝」, 『江亢虎南遊迴想記』, 26쪽.

45) 江亢虎, 「公共機關」, 『江亢虎南遊迴想記』, 88~89쪽.

46) 梁紹文, 「游檳島所得的印象」, 『南洋旅行漫記』, 83쪽.

47) 예를 들어 江亢虎, 「入境苛例」, 『江亢虎南遊迴想記』, 98쪽; 拳拳, 「南洋群島遊記-旅行菲律濱見聞錄」, 姚祝宣 編, 『國外遊記彙刊(3冊)-卷之八』, 1쪽 등.

48) "History of passports", Homepage of Canada Passport Office. [http://www.ppt.gc.ca/pptc/hist.aspx?lang=eng]

49) (民國)陳鐸 編 ; (民國)王岫廬; 朱經農 校, 「華僑創業地-交趾半島和南洋群島」, 『(新學制)地理教科書: 小學校高級用 第四冊』, 上海, 1927, 5~8쪽.

50) (民國)鄭昶, 洪鋆 編; 陳棠, 張相 校, 『新中華歷史課本 第四冊』, 上海: 中華書局, 1932, 40쪽.

51) (民國)陳鐸 編; (民國)王岫廬; 朱經農 校, 『(新學制)地理教科書: 小學校高級用 第四冊』, 上海, 1927, 8쪽.

52) 邱致中, 『南洋概況』, 南京: 正中書局, 1937.

53) 邱致中, 『南洋概況』, 1~2쪽.

54) 惱世, 「南洋之地理及歷史」, 『東方雜誌』 第15卷 第5號, 1918.5, 154~155쪽.

55) 梁紹文, 「世界上最懶惰的民族」, 『南洋旅行漫記』, 43쪽.

56) 江亢虎, 「土人生活」, 『江亢虎南遊迴想記』, 19쪽.

57) 江亢虎, 「港口風景」, 『江亢虎南遊迴想記』, 34쪽.

58) 宰平, 「西貢」, 孫季叔 編, 『世界遊記選』, 71쪽.

59) 江亢虎, 「緬人生活」, 『江亢虎南遊迴想記』, 58쪽.

60) 梁紹文, 「世界上最懶惰的民族」, 『南洋旅行漫記』, 43쪽.

61) 江亢虎, 「佛教大盛」, 『江亢虎南遊迴想記』, 48쪽.

62) 功溥, 「暹羅風俗談」, 孫季叔 編, 『世界遊記選』, 96쪽.

63) 江亢虎, 「緬人生活」, 『江亢虎南遊迴想記』, 58쪽.

64) 林開煌, 「瓜哇見聞」, 孫季叔 編, 『世界遊記選』, 102쪽.

65) 宰平, 「西貢」, 孫季叔 編, 『世界遊記選』, 72쪽.

66) 江亢虎, 「越人苦況」, 『江亢虎南遊迴想記』, 75쪽.

67) 江亢虎, 「亡國慘狀」, 『江亢虎南遊迴想記』, 51쪽.

68) 王志成, 「自序」, 『南洋風土見聞錄』, 上海: 商務印書館, 1931, 1~2쪽.

69) 王志成, 「英屬胡魯欽」, 『南洋風土見聞錄』, 147쪽.

70) 王志成, 「荷屬馬辰(Banjermasin)」, 『南洋風土見聞錄』, 174쪽.

71) 王志成, 「暹羅近況」, 『南洋風土見聞錄』, 206쪽.

72) 王志成, 「英屬柔佛」, 『南洋風土見聞錄』, 118쪽.

73) 王志成, 「荷屬邦加(Banka)一」, 『南洋風土見聞錄』, 178쪽.

74) 王志成, 「英屬砂磅越(Sarawak)一」, 『南洋風土見聞錄』, 157쪽.

75) 박경석, 「근대 중국인의 해외여행과 내셔널리즘, 그리고 타자인식」, 110~112쪽.

76) 이상과 같은 식민주의 사고에 대한 개념 규정은 위르겐 오스터함멜 지음, 『식민주의』(박은영 · 이유재 옮김, 역사비평사, 2005), 165~174쪽에 의존했다.

77) 근대 중국의 '식민주의' 문제에 대해서는 유장근, 「동아시아 근대사와 중국의 위상」, 『주변에서 본 동아시아』(문학과지성사, 2004); 兪長根, 「清末 改革家의 植民主義」, 『大邱史學』 제69집, 2002; 유장근, 「'만청 식민주의'를 둘러싼 중 · 외 학계의 논의」, 『중국 역사학계의 청사연구 동향』(동북아역사재단, 2009) 참조.

78) 필자가 '식민주의'라고 직설하지 않은 것은 중국과 동남아 관계의 특수한 사정을 고려했기 때문이다. 사실 화교의 활동이 사회적, 경제적 활동에 국한되어 '식민(植民)'이라기보다는 '이민(移民)'에 가깝고, 실제 화교와 본국의 정치적 관계가 명확하지도 않다. 여행자들도 화교의 이민이 '식민'을 의미한다고 생각한 측도

있었지만, 정치적 관계를 동반한 서구의 식민 지배와는 다르다고 보는 경우도 있었다. 양극단 사이에 다양한 스펙트럼이 있다고 볼 수 있다. 그래서 작은따옴표를 붙여 '식민주의적 시각'이라고 한 것이다.

79) '이중성'과 관련, 전후 탈식민지 과정에서의 중국과 동남아 관계는 아이러니하다. 1955년의 반둥회의에서 중국은 회담 참여국들의 집중적인 비판과 공격의 대상이 되었다. 이는 '화교의 이중국적 폐기' 문제와 결부되어, 화교를 매개로 구현된 중국의 식민주의에 대한 반대를 의미했다. 동남아의 입장에서 보면 서구와 일본의 제국주의가 물러난 후 그간 잠류하고 있던 동아시아 내부의 중층적 위계 관계가 전면에 드러났고, 1950년대 동남아의 탈식민화는 서구 제국주의뿐만 아니라 중국의 식민주의에서 벗어나는 것까지를 포함하는 것이었다. (이병한, 「'두 개의 중국'과 화교정책의 분기: 반둥회의(1955) 전후를 중심으로」, 『중국근현대사연구』 제45집, 2010.3, 107~111쪽 참조.)

### 7. 현대 한국 소설 속의 베트남 인식

1) 최병욱, 「이수광(李睟光)의 베트남, 1597~1598」, 『동남아시아연구』, 제19권 3호(2009); 최기영, 「국역 『월남망국사』에 관한 일고찰」, 『동아연구』, 제6집(1985); 한상도, 「일제 침략기 한국인의 베트남 인식과 연대의식 - 식민지 상황 인식과 반일의식을 중심으로」, 『역사학보』, 제201집(2009).
2) 박진임, 「한국소설에 나타난 베트남 전쟁의 특성과 참전 한국군의 정체성」, 『한국현대문학연구』, 제14집(2003).
3) 고명철, 「베트남전쟁 소설의 형상화에 대한 문제」, 『현대소설연구』, 제19호(2003); 고영직, 「한국문학과 베트남 전쟁」, 『내일을 여는 작가』, 통권19호(2000); 박진임, 「한국소설에 나타난 베트남 전쟁의 특성과 참전 한국군의 정체성」, 『한국현대문학연구』, 제14집(2003); 송승철, 「베트남전쟁 소설론: 용병의 교훈」, 『창작과 비평』, 통권80호(1993).
4) 최원식, 「한국소설에 나타난 베트남전쟁」, 『생산적 대화를 위하여』(창작과비평사, 1997).
5) 장두영, 「베트남전쟁 소설론 - 파병담론과의 관련을 중심으로 -」, 『한국현대문학연구』, 제25집(2008).
6) 그간 베트남전 파병 결정은 한반도 안보 또는 미국과의 동맹, 한국전쟁에 대한

보은, 미국의 압력, 경제적 실리 등 여러 요인에 기반하고 있었다. 1990년대에 들어서는 특히 경제적 실리론이 사회에 널리 영향을 미쳤다. 이한우, 「한국이 보는 베트남전쟁: 쟁점과 논의」, 『동아연구』, 제51집(2006).

7) 장윤미, 「월남전을 소재로 한 한국 소설의 고찰 - 시선의 변모과정을 중심으로 -」, 『동남아시아연구』, 제19권 1호(2009).

8) 『하얀전쟁』은 당초 『전쟁과 도시』(실천문학사, 1985)로 출판되었다.

9) 고명철, 「베트남전쟁 소설의 형상화에 대한 문제」, p. 305.

10) Charles K. Armstrong, 「한국의 베트남 전쟁: 침묵을 넘어」, 정병선 역, 『볼』, 제7호(2008), p. 157.

11) '베트콩'(Viet Cong)은 베트남전쟁 당시 남부에서 활동하던 베트남공산주의자들을 남베트남 정부, 미국, 한국 등이 일방적으로 불렀던 호칭이다. 널리 쓰였으므로 여기서는 그대로 쓰기로 한다.

12) 흔히 '민족해방전선'이라고 하는데, 이는 'National Liberation Front'의 번역어다. '베트남남부해방민족전선'이라고 해야 옳다.

13) '라이'는 혼혈, '따이한'은 '다이한(大韓)'을 강하게 발음한 것으로 한국인 혼혈아를 말한다.

14) '슬로우 불릿(slow bullet)'은 '느린 탄환'으로 사람을 서서히 죽게 만드는 고엽제를 뜻한다.

15) 에데(Ede)족은 베트남 중남부 닥락(Dac Lac)성의 서부 산간지대 부온메투옷(Buon Me Thuot) 부근에 거주하는 모계 중심 소수민족의 하나다.

16) 영화 〈람보 II〉는 실베스터 스텔론 같은 근육질의 미국인 참전군인을 베트남에 다시 보내 베트콩에 보복하고 미군 포로들을 구출해 온다는 내용으로 구성되었다. 그 의도는 아시아의 작은 나라 베트남에 패배한 미국인들의 수치심을 반전시키기 위한 것이라고 알려져 왔다. 그러나 영화 끝부분에서 람보의 상관이 그에게 원하는 것이 무언가라고 한 질문에, 람보는 "우리가 조국을 사랑하는 것만큼만 조국이 우리를 사랑해주는 것"이라고 답한다. 마치 "조국이 여러분을 위해 무엇을 할 수 있을지 묻지 말고, 여러분이 조국을 위해 무엇을 할 수 있는지 물으라"고 한 케네디 대통령의 말을 비꼬는 듯하다. 〈람보 II〉에서 국가가 국민에게 해야 할 책무를 다하지 않음을 비판한 점을 놓치지 말아야 한다.

17) 베트남전쟁을 거치며 고난을 겪어내는 베트남 여인의 일생을 그린 올리버 스톤

의 〈하늘과 땅〉은 예외다.

18) 박영한, 『머나먼 쏭바강』(민음사, 1992), p. 33.

19) 안정효, 『하얀전쟁 1』(고려원, 1993), pp. 235, 238

20) 안정효, 같은 책, p. 242.

21) 안정효, 같은 책, p. 250.

22) 박영한, 같은 책, p. 207.

23) 안정효, 같은 책, p. 156.

24) 안정효, 같은 책, pp. 146~149.

25) 박영한, 같은 책, p. 71.

26) 박영한, 같은 책, p. 20.

27) 박영한, 같은 책, p. 220.

28) 박영한, 같은 책, p. 11.

'월맹(Vietminh)'은 1941년 창립된 반식민 민족운동조직으로서 북부 공산정권 수립에 선도적 역할을 했던 '베트남(월남)독립동맹'의 약칭이지 국가명이 아니다. 그럼에도 불구하고, 베트남전 당시 한국인들은 남베트남을 '월남', 북베트남을 '월맹'이라 부르곤 하였다. 한국인들이 베트남을 이렇게 부른 것은 남북한이 대치하고 있는 한반도와 베트남이 유사하다는 점에서 비롯된 듯하다. 그것은 한국이 한반도 북부에 있는 공산정권을 국가로 인정하지 않는 것처럼 북베트남을 국가로 인정하지 않으며 자유진영인 남베트남 정부를 베트남의 정통성을 가진 정부로 인정하였기 때문이다.

29) 황석영, 「탑」, 『객지』(창작과비평사, 1974), pp. 373~374.

30) 박영한, 같은 책, p. 200.

31) 박영한, 같은 책, pp. 211~212.

32) 이상문, 『황색인 2』(현암사, 1989), p. 20.

33) 이상문, 『황색인 3』, p. 147.

34) 안정효, 같은 책, p. 104.

35) 김양호, 『베트남, 베트남』(작가, 2005), pp. 82~83.

36) 김용성, 『기억의 가면』(문학과지성사, 2004), p. 360.

37) 방현석, 「존재의 형식」, 『랍스터를 먹는 시간』(창비, 2003), p. 69.

38) 방현석, 「랍스터를 먹는 시간」, 『랍스터를 먹는 시간』(창비, 2003), p. 151.

39) 방현석, 「랍스터를 먹는 시간」, p. 135.

40) 윤충로, 「구술을 통해 본 베트남전쟁」, 『사회과학연구』, 서강대 사회과학연구소, 제17집 1호(2009), pp. 228~263.

41) 이옥순, 『우리 안의 오리엔탈리즘』(푸른역사, 2002).

42) 단지 방현석의 『랍스터를 먹는 시간』에서 주인공 재우와 성관계를 가지면서 그 애인 리엔이 주도하는 모습을 보이는 것처럼, 일부만이 남성 중심의 전개에서 벗어나 있다.

43) Anh Junghyo, "A Double Exposure of the War," Philip West, Steven I. Levine & Jackie Hiltz (eds.), *America's Wars in Asia: A Cultural Approach to History and Memory* (Armonk, NY: M.E. Sharpe, 1998), pp. 161~171.

44) 송승철, 「베트남전쟁 소설론: 용병의 교훈」, 『창작과 비평』, 통권80호(1993), p. 83.

45) 고명철, 「베트남전쟁 소설의 형상화에 대한 문제」, p. 305.

46) 한홍구, 「박정희 정권의 베트남 파병과 병영국가화」, 『역사비평』, 통권62호(2003), pp. 120~139.

47) 원용진, 「우리는 '아시아'를 제대로 말하고 있는가」, 서강대학교 국제지역문화원 편, 『현대 사회와 인문학적 상상력』(서강대학교 출판부, 2007).

48) 이옥순, 『우리 안의 오리엔탈리즘』.

49) 김양호, 같은 책, p. 11.

## 지은이 약력 (논문 순)

### 김은영

프랑스 사회과학고등연구대학원(Ecole des hautes études en sciences sociales) 박사 (역사학)
현재 서강대 동아연구소 HK조교수
주요논저: 「캄보디아에서 식민담론과 탈식민담론의 공존」, 「인도-차이나와 19세기 프랑스 삽화 여행기」, "Le martyrologe exotique et le discours évangélique: construire la figure d'un bon missionnqire à partir des missioinnaires-martyrs français de Corée", 「예수회 서한집 『교훈적이고 호기심 어린 편지』(1702~1776)와 조선」

### 스티븐 켁(Stephen L. Keck)

영국 옥스퍼드대학교(University of Oxford) 박사 (역사학)
현재 샤르자아메리칸대학교(American University of Sharjah) 국제학부 부교수
주요논저: "Picturesque Burma: British Travel Writing, 1890~1914"; "Colonialism and the Hong Kong Mentality"; "'Going out and doing something': Victorian tourists in Egypt and the 'tourist ethic'"; "Ruskin and the Remaking of Venice"

### 마리아 응(Maria N. Ng)

캐나다 브리티시콜럼비아대학교(University of British Columbia) 박사 (비교문학)
현재 캐나다 레스브리지 대학교(University of Lethbridge) 영문학 부교수
주요논저: *Three Exotic Views of Southeast Asia: The Travel Narratives of Isabella Bird, Max Dauthendey, and Ai Wu 1850~1930*; *Reading Chinese Transnationalisms* (co-edited); *Pilgrimages: Memories of Colonial Macau and Hong Kong*

### 이옥순

인도 델리대학교(University of Delhi) 박사 (역사학)
서강대학교 동아연구소 HK조교수 역임
주요논저: 『이옥순 교수와 함께 읽는 인도 현대사』, 『우리 안의 오리엔탈리즘』, 『여성적인 동양이 남성적인 서양을 만났을 때』, 『위대한 영혼, 간디』, 『인도에는 카레가 없다』

### 박경석

연세대학교 박사 (역사학)
동북아역사재단 연구위원 역임, 현재 인천대 HK교수
주요논저: 「동남아를 보는 중국의 '식민주의적' 시각: 1920~30년대 여행기를 통해 본 중국

인의 '南洋' 인식」, 「근대 중국인의 해외여행과 내셔널리즘, 그리고 타자인식」, 「동아시아의 전쟁 기억과 역사 갈등 - '中國人民抗日戰爭紀念館'을 중심으로」, 『동아시아 역사 속의 여행 1, 2』(공저)

## 이한우

서강대학교 박사 (정치학)
현재 한국동남아연구소 연구위원
주요논저: 「탈사회주의 이행기 베트남에서 국가-노동 관계」, 「베트남 '도이머이' 시기 정치체제 변화: 사회적 도전과 당-국가의 대응」, 「베트남에서 개혁의 확대와 정치적 일원주의의 완화: 제10차 당대회 결과 분석」